FICHES BAC

Tle
NOUVEAU BAC

SVT

SPÉCIALITÉ

Sébastien Castillo
Professeur agrégé de SVT

Jonathan Faivre
Professeur agrégé de SVT

Sabrina Gaillardou
Professeure agrégée de SVT

Anne Le Nost
Professeure certifiée de SVT

Hervé Mulard
Professeur agrégé de SVT

Delphine Roumier
Professeure agrégée de SVT

Bruno Vah
Professeur agrégé de SVT

Hatier

Le site de vos révisions

L'achat de ce Fiches bac vous permet de bénéficier d'un **ACCÈS GRATUIT*** à toutes les **ressources** d'annabac.com (fiches, quiz, sujets corrigés...) et à ses **parcours de révision** personnalisés.

Pour profiter de cette offre, rendez-vous sur **www.annabac.com** dans la rubrique « Je profite de mon avantage client ».

* Selon les conditions précisées sur le site.

Maquette de principe : Frédéric Jély • **Mise en pages :** STDI • **Schémas :** Corédoc
Cartographie : Corédoc • **Iconographie :** Sophie Suberbère/Hatier illustration
Édition : Michel Zelvelder et Damien Lagarde

ISBN 978-2-401-06432-4

SOMMAIRE

Quand vous avez révisé une fiche, cochez la case ❐ correspondante !

La Terre, la vie et l'organisation du vivant

L'origine du génotype des individus

L'évolution des génomes au sein des populations

Retracer l'histoire de la Terre

Enjeux contemporains de la planète

L'organisation fonctionnelle des plantes à fleurs

Reproduction de la plante : entre vie fixée et mobilité

La domestication des plantes

Comprendre les climats du passé

Agir sur le réchauffement climatique actuel

Corps humain et santé

Des réflexes aux mouvements volontaires

La cellule musculaire, une cellule spécialisée

Le contrôle des flux de glucose, source essentielle d'énergie

Comportements et stress de l'organisme

DÉPLIANT

Des cartes mentales sur les notions clés au programme

- Le brassage génétique
- Les climats du passé
- Les voie du métabolisme énergétique d'une cellule musculaire
- La régulation de la glycémie
- La vie fixée et le développement de la plante

Stabilité génétique et évolution clonale

1

☐ OK

I Clones et stabilité génétique

- Lors de la **multiplication cellulaire** ou mitose, les cellules d'un organisme se reproduisent à l'identique. On peut donc obtenir un groupe de cellules, issues d'une seule cellule ancestrale, génétiquement identiques, qu'on appelle un **clone**. Cette multiplication à l'identique est à l'origine de la **stabilité génétique**.
- Les mitoses interviennent dans le renouvellement cellulaire, notamment pour les cellules à multiplication rapide comme les cellules de la peau.
- Les clones peuvent être des cellules libres (bactéries, cellules immunitaires), des cellules associées en tissus (peau, intestin) ou des organismes entiers.

DOC. 1. Clones d'une cellule ancestrale

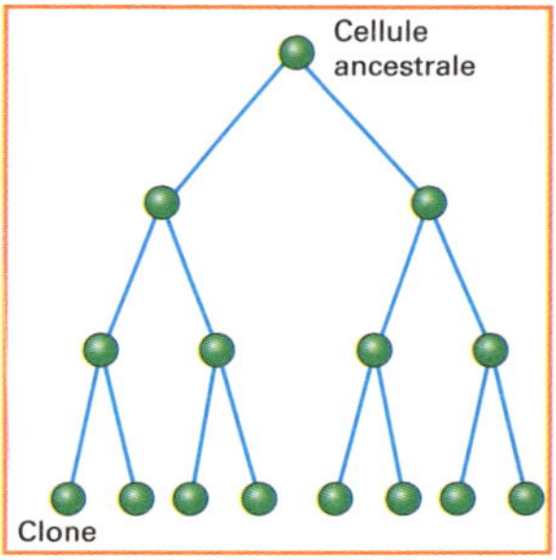

À savoir

Le clonage est utilisé en agriculture pour obtenir des végétaux aux caractéristiques identiques de génération en génération.

II Diversification génétique au sein d'un clone

- Parfois, au sein des cellules issues d'un clone, des **mutations** peuvent survenir, puis se transmettre à la descendance de la cellule mutée. Ces mutations sont à l'origine de cellules génétiquement différentes de la cellule ancestrale, qui se multiplient à leur tour pour créer une lignée de sous-clones.

DOC. 2. Mutation au sein d'un clone

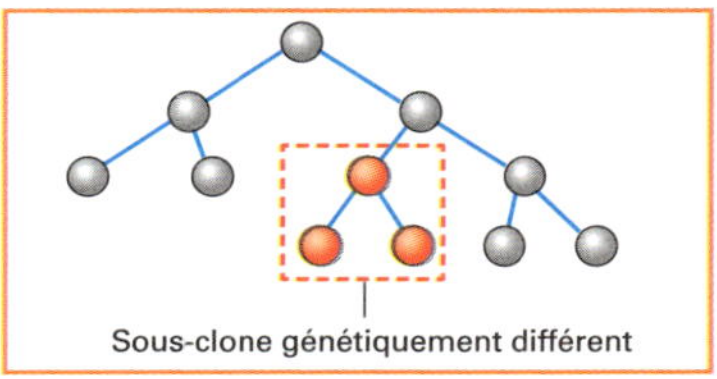

- L'accumulation de mutations au sein de la lignée d'un clone modifie ainsi l'information génétique et entraîne une **diversification génétique**.

Méthode

Expliquer l'origine des cellules cancéreuses

L'être humain est constitué de milliards de cellules qui se renouvellent régulièrement à l'identique par mitose.

Un cancer se développe à partir d'une cellule saine qui a été modifiée, la cellule devient alors cancéreuse et se multiplie pour former une tumeur.

À l'aide du document, expliquer l'origine des cellules cancéreuses formant une tumeur.

DOC. Les perturbations du génome et la cancérisation

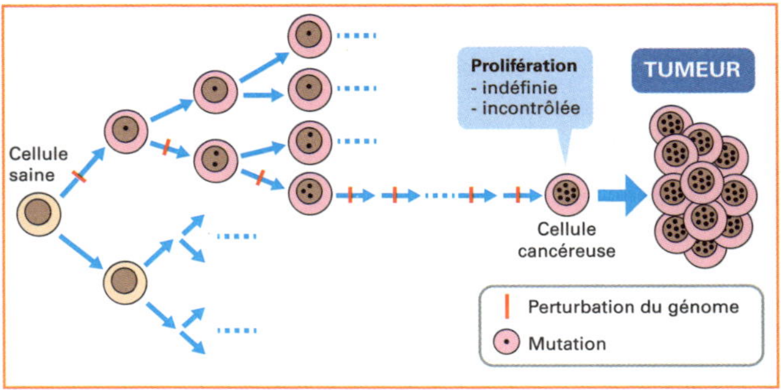

Conseils

Étape 1 Indiquer pour chaque embranchement le nombre de mutations présentes à la troisième génération.

Étape 2 Citer l'embranchement qui perturbe le génome.

Étape 3 Conclure sur l'origine des cellules cancéreuses de la tumeur.

SOLUTION

Étape 1 Pour les deux embranchements du haut, on observe une mutation qui persiste à la troisième génération, le troisième embranchement montre deux mutations, le quatrième trois mutations, les quatre derniers n'en présentent aucune.

Étape 2 Seules les mutations du quatrième embranchement perturbent durablement le génome (barres verticales).

Étape 3 Les mutations qui perturbent le génome sont responsables de l'apparition d'une cellule cancéreuse. Celle-ci va alors se multiplier et créer un sous-clone qui donnera alors une tumeur cancéreuse.

Le brassage génétique à chaque génération

2

☐ OK

I Homozygotes et hétérozygotes

- Une cellule diploïde contient deux exemplaires de chaque gène. Les deux versions de ces gènes ou **allèles** peuvent être présentes sous une même forme chez les **homozygotes** (A et A par exemple) ou sous deux formes différentes chez les **hétérozygotes** (A et O).
- Les allèles peuvent être **récessifs**, et ne s'exprimer qu'à l'état homozygote (quand les deux allèles sont présents), ou **dominants** et s'exprimer dès qu'un seul d'entre eux est présent.

DOC. Cellules homozygote et hétérozygote présentant les allèles A et O

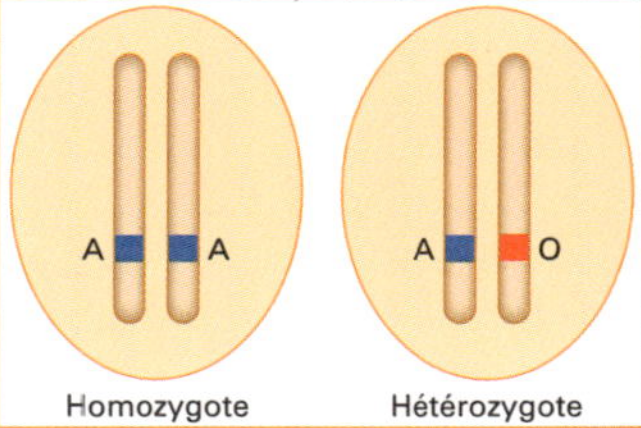

II Les brassages lors de la méiose

- La méiose permet de passer d'une cellule diploïde à quatre cellules haploïdes après deux divisions cellulaires successives comportant chacune **quatre phases** (prophase, métaphase, anaphase et télophase) 1 et 2.
- Chaque cellule fille haploïde ne comporte qu'un seul allèle de chaque gène. Les allèles se répartissent de façon différente lors de la méiose : c'est ce que l'on appelle le **brassage génétique**.
- Il y a deux types de brassage génétique : un **brassage interchromosomique**, résultant de la séparation aléatoire des chromosomes homologues lors de l'anaphase 1 de la méiose ; un **brassage intrachromosomique ou *crossing-over***, résultant d'un échange entre chromatides de chromosomes homologues lors de la prophase 1 de la méiose et responsable d'échanges d'allèles des paires homologues.
- Les brassages génétiques permettent de produire des gamètes différents pour les gènes présents à l'état hétérozygote. Plus les gènes d'une cellule sont présents à l'état hétérozygote, plus le nombre de combinaisons de gamètes différents est grand.

À noter

La fécondation fusionnera ensuite deux génomes indépendants, ce qui augmente encore la **diversité allélique**.

Méthode

Expliquer la transmission des groupes sanguins

Manon, élève de terminale, se pose des questions : son père est du groupe A– et sa mère du groupe B+. Elle est du groupe O– et son frère, Paul, du groupe AB+. Les groupes sanguins sont l'expression des gènes du système ABO et du système Rhésus.

Expliquer, à l'aide du tableau, les groupes sanguins de Manon et de Paul, ainsi que celui de leurs parents.

Gènes	Système ABO	Système Rhésus
Allèles	A, B et O	+ et –
Allèle(s) dominant(s)	A et B	+
Allèle récessif	O	–

Conseils

Étape 1 Écrire le phénotype et le génotype de Manon et de Paul pour chacun des deux gènes et celui de leurs parents.
Étape 2 Préciser l'origine paternelle ou maternelle des allèles présents chez Manon et Paul.

SOLUTION

Étape 1 Manon est du groupe O– : elle possède donc l'allèle (O) du système ABO et l'allèle (–) du système Rhésus. Elle est homozygote [OO] pour le système ABO et homozygote [– –] pour le système Rhésus. C'est la seule solution, car les deux allèles sont récessifs et parviennent à s'exprimer.
Paul est du groupe AB+ : il possède donc les allèles (A) et (B) du système ABO et l'allèle (+) du système Rhésus. Il est [AB] pour le système ABO, mais peut être soit (+//–), soit (+//+) pour le système Rhésus.
Le père est [A] et sa fille est [O], donc il est (A//O). Comme il est de Rhésus négatif, il est homozygote pour ce caractère (+//+).
La mère est [B] et sa fille est [O], donc elle est (B//O). Comme elle est de Rhésus positif et que sa fille est de Rhésus négatif, elle est hétérozygote (+//–) pour ce caractère.
Étape 2 Manon a reçu un allèle (O) et un allèle (–) de chacun de ses deux parents, seule condition pour qu'elle soit homozygote pour les deux gènes.
Paul a reçu l'allèle (A) de son père et l'allèle (B) de sa mère. Pour le gène Rhésus, il a reçu l'allèle (+) de sa mère et l'allèle (–) de son père.

Les principes de base de la génétique

3

☐ OK

I Principe des croisements

- **Gregor Mendel** a élaboré les principes de la génétique sous la forme de trois lois. Lors d'un croisement, les hybrides de première génération présentent un phénotype homogène, les gamètes ne contiennent qu'un seul allèle (**pureté des allèles**) et les allèles se séparent de manière indépendante.
- La transmission des caractères héréditaires est étudiée au moyen de croisements entre individus de lignée pure. Une **lignée pure** est un ensemble d'individus homozygotes pour tous les caractères étudiés. On appelle **phénotype**, noté entre crochets, le caractère observable que l'on étudie, et **génotype**, noté entre parenthèses, **l'allèle** présent chez un individu.

II Étude d'un arbre généalogique

Pour étudier la transmission des caractères dans l'espèce humaine, on réalise des **arbres généalogiques**. On indique ainsi la transmission d'un caractère particulier présent au sein d'une famille, ce qui permet, à partir du phénotype des individus, de reconstituer leur génotype à toutes les générations.

DOC. Arbre généalogique d'une famille atteinte par une maladie génétique

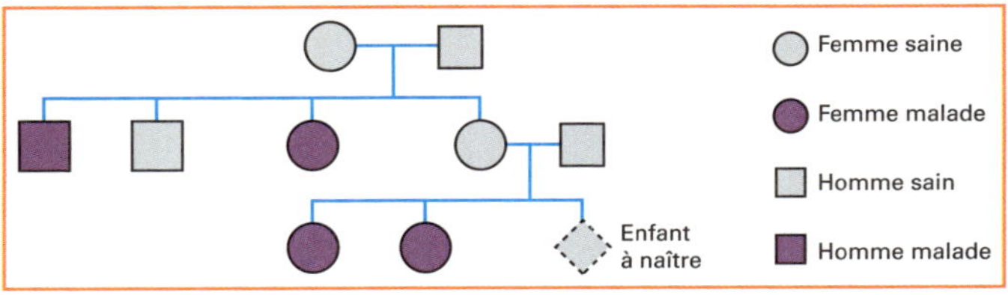

III Séquençage de l'ADN

Le séquençage de l'ADN consiste à déterminer l'enchaînement des nucléotides de l'ADN d'un individu. On peut ainsi connaître les caractéristiques de cet individu et en déduire celles des autres membres de sa famille.

À savoir

Chez l'Homme, un séquençage de l'ADN permet notamment d'identifier les gènes responsables de maladies génétiques ou de faire des tests de filiation.

Méthode

Effectuer le diagnostic prénatal d'une maladie génétique

Dans la famille L, les deux parents sains ont donné naissance à un enfant atteint d'une maladie génétique récessive. Lors d'une troisième grossesse, tous les membres de la famille sont testés. On note (m) l'allèle responsable de la maladie et (s) l'allèle sain.

Expliquer à l'aide des documents si l'enfant à naître sera malade.

DOC. 1. Arbre généalogique de la famille L

DOC. 2. Diagnostic prénatal par électrophorèse

On découpe l'ADN avec des enzymes de restriction afin d'obtenir des fragments d'ADN coloré pour le gène de la maladie, que l'on fait ensuite migrer dans un gel.

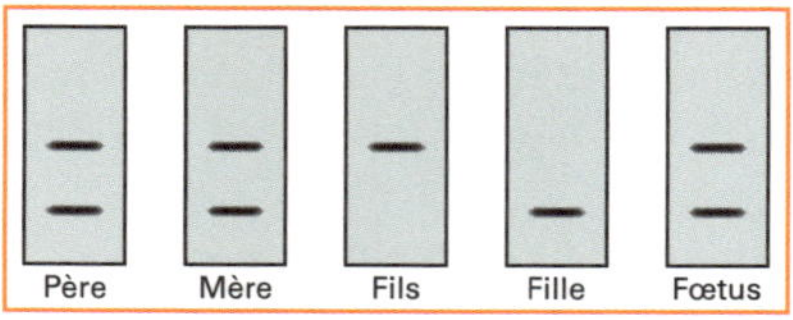

Conseils

Étape 1 Établir le génotype de chacun des deux parents, en comparant les bandes obtenues avec le phénotype des enfants malade et sain.

Étape 2 Établir le génotype de l'enfant à naître d'après son test prénatal, en le comparant aux autres membres de la famille.

SOLUTION

Étape 1 Les deux parents sont hétérozygotes pour le gène étudié, car ils possèdent chacun deux bandes différentes, donc deux allèles différents : une bande qui correspond à l'allèle (m), que l'on retrouve chez leur fille malade ; une bande qui correspond à l'allèle (s), que l'on retrouve chez leur fils sain. Les deux parents sont donc [m//s].

Étape 2 D'après le diagnostic prénatal, le fœtus est hétérozygote [m//s], puisqu'il a les mêmes résultats que ses parents. Il ne sera donc pas malade.

Les accidents chromosomiques lors de la méiose

4

☐ OK

I Les anomalies de la méiose

- Lors des *crossing-over*, il arrive que les échanges de fragments de chromatides ne soient pas équivalents. On parle de *crossing-over* inégal.
- Les chromosomes affectés par un *crossing-over* inégal, en fin de méiose, présentent des combinaisons génétiques différentes. Dans le document 1, l'un des deux chromosomes possède deux copies du gène A, alors que l'autre chromosome n'aura plus de gène A. Ce gène supplémentaire peut ensuite muter et être à l'origine de familles multigéniques.
- Les anomalies de la méiose modifient ainsi le génome, ce qui participe à l'évolution biologique.

DOC. 1. *Crossing-over* inégal

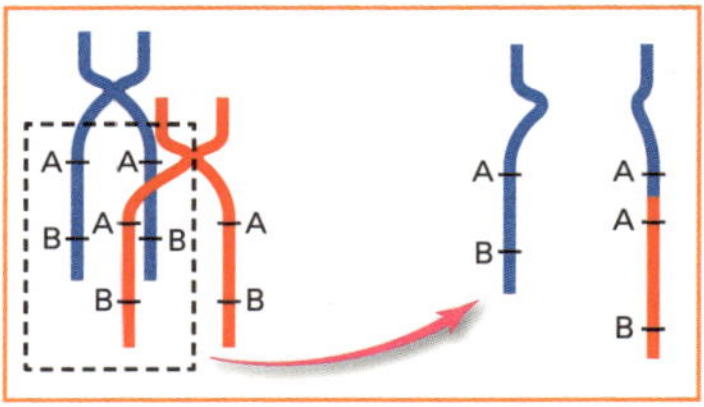

Mot clé

Famille multigénique : groupe de gènes issus de la duplication et de mutations d'un gène ancestral unique.

II Les anomalies du caryotype chez l'homme

- Une mauvaise séparation des chromosomes lors de la méiose peut entraîner la formation d'un gamète avec des chromosomes en plus ou en moins.
- La plupart de ces anomalies ne sont pas viables, hormis quelques trisomies comme la trisomie 21 ou monosomie sexuelle.

DOC. 2. Schéma d'une méiose anormale

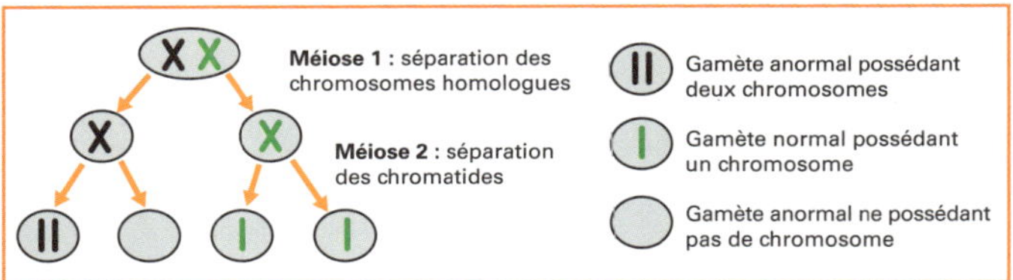

Méthode

Déterminer l'origine du syndrome de Klinefelter

Le syndrome de Klinefelter résulte d'un développement anormal de l'appareil génital masculin, entraînant une stérilité.

Déterminer à l'aide du document et de vos connaissances l'origine du syndrome de Klinefelter.

DOC. 1. Caryotype d'une personne atteinte du syndrome de Klinefelter

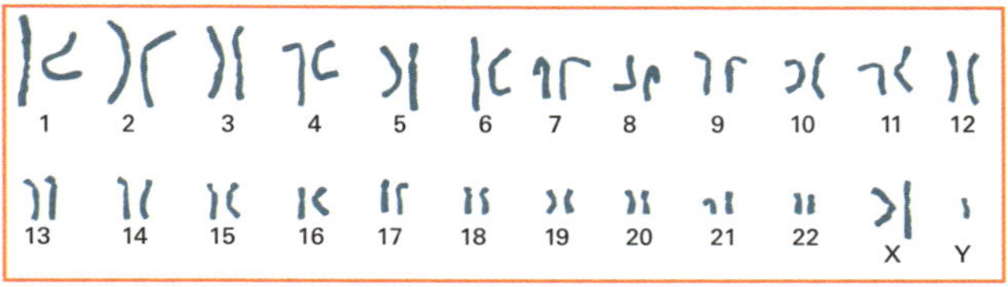

Conseils

Étape 1 Trouver l'anomalie affectant le caryotype de la personne malade.
Étape 2 Faire un schéma pour expliquer l'anomalie observée.

SOLUTION

Étape 1 On remarque que la 23e paire de chromosomes comporte trois chromosomes sexuels (XXY) au lieu de deux (XX ou XY). C'est cette anomalie qui est responsable du syndrome de Klinefelter.

Étape 2 Les chromosomes se sont mal répartis lors de la formation des gamètes. Le chromosome X est en double exemplaire au lieu d'un seul chez l'un des deux parents. On obtient donc une cellule-œuf avec 47 chromosomes, dont trois pour la 23e paire.

DOC. 2. Anomalie responsable du syndrome de Klinefelter

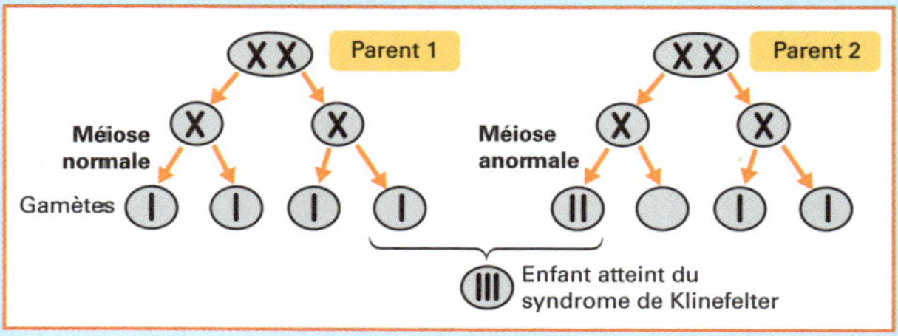

Quiz EXPRESS

5

Avez-vous bien révisé les fiches 1 à 4 ? On vérifie !

1 Stabilité génétique et évolution clonale

▶ FICHE 1

1. Les clones :

- ☐ a. permettent la multiplication cellulaire
- ☐ b. proviennent de plusieurs molécules ancestrales
- ☐ c. produisent un ensemble de cellules génétiquement différentes

2. La diversification génétique :

- ☐ a. permet le maintien de la stabilité d'une espèce
- ☐ b. est due à une accumulation de mutations au sein d'un clone
- ☐ c. peut apparaître au sein d'un sous-clone

2 Le brassage génétique à chaque génération

▶ FICHE 2

Une cellule diploïde :

- ☐ a. contient toujours deux allèles identiques pour un même gène
- ☐ b. qui possède un allèle a et un allèle b pour un même gène est homozygote
- ☐ c. qui possède un allèle a et un allèle b pour un même gène est hétérozygote

3 Les principes de base de la génétique

▶ FICHE 3

Le séquençage de l'ADN :

- ☐ a. permet de connaître précisément le génome d'un individu
- ☐ b. est source de mutations au sein des cellules
- ☐ c. est utilisé pour faire des tests de paternité

4 Les accidents chromosomiques lors de la méiose

▶ FICHE 4

Les *crossing-over* inégaux :

- ☐ a. permettent la stabilité de l'espèce
- ☐ b. sont à l'origine de l'apparition de familles multigéniques
- ☐ c. n'augmentent pas le nombre de gènes dans une cellule

CORRIGÉS

1 Stabilité génétique et évolution clonale

1. **Réponse a.** Les clones permettent la multiplication cellulaire.

Les réponses **b** et **c** sont incorrectes. Les clones proviennent de cellules ancestrales, pas de molécules. Ils donnent des cellules génétiquement identiques.

2. **Réponses b et c.** La diversification génétique est due à une accumulation de mutations au sein d'un clone. Elle peut apparaître au sein d'un sous-clone.

La réponse **a** est incorrecte. La diversification génétique ne stabilise pas une espèce, elle lui permet au contraire d'évoluer.

2 Le brassage génétique à chaque génération

Réponse c. Une cellule diploïde qui possède un allèle a et un allèle b pour un même gène est hétérozygote.

Les réponses **a** et **b** sont incorrectes. Une cellule diploïde peut être homozygote ou hétérozygote, et donc contenir des allèles différents. Elle est homozygote si elle contient deux allèles semblables d'un même gène.

3 Les principes de base de la génétique

Réponses a et c. Le séquençage de l'ADN permet de connaître précisément le génome d'un individu et c'est l'outil utilisé pour faire des tests de paternité.

La réponse **b** est incorrecte. Une méthode d'analyse ne peut provoquer de mutations.

4 Les accidents chromosomiques lors de la méiose

Réponse b. Les *crossing-over* inégaux sont à l'origine de l'apparition de familles multigéniques.

Les réponses **a** et **c** sont incorrectes. Les *crossing-over* inégaux peuvent être à l'origine de modifications au sein d'une espèce. Ils peuvent modifier la répartition des gènes au sein des chromosomes.

La complexification des génomes

6

☐ OK

I | Échanges de gènes entre êtres vivants

- Certains gènes peuvent être échangés entre espèces par des mécanismes non reproductifs : ce sont les **transferts horizontaux** de gènes. Ces échanges sont assurés par des vecteurs (transporteurs) comme les virus ou, s'il s'agit de deux espèces bactériennes, par la formation de ponts entre cytoplasmes.

Exemple : les nématodes, vers microscopiques, peuvent digérer les parois des cellules végétales grâce à des gènes hérités de bactéries du sol.

- Ces transferts peuvent avoir des conséquences importantes sur l'**évolution des populations** et plus largement des écosystèmes. Ils sont par exemple à l'origine de transferts de gènes de résistances aux antibiotiques entre bactéries, ce qui engendre des problèmes de santé publique humaine.

II | Association de génomes par endosymbiose

- Les endosymbioses sont des associations durables entre êtres vivants d'espèces différentes. L'un des deux symbiotes se retrouve inclus à l'intérieur de l'autre. Ce type d'association peut finir par devenir héréditaire en se transmettant de génération en génération.

DOC. Mécanisme de l'endosymbiose mitochondriale

La bactérie absorbée par la cellule eucaryote est intégrée au cytoplasme. Elle évoluera en mitochondrie, qui présentera les vestiges des deux membranes.

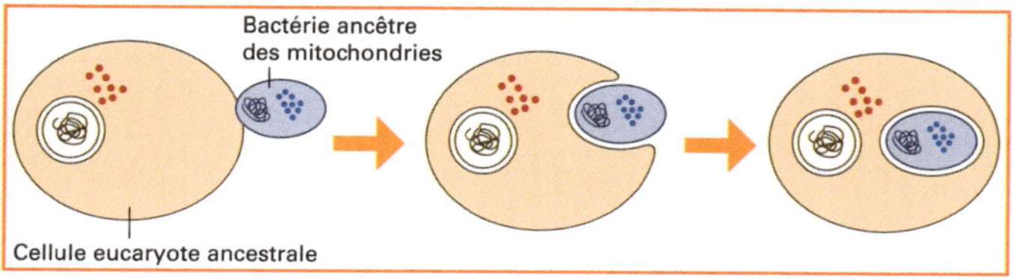

- C'est le cas des organites de la cellule eucaryote (mitochondries, chloroplastes), qui proviennent probablement d'anciennes associations entre une cellule eucaryote et une cellule procaryote bactérienne. Cette théorie de l'« **endosymbiose** » repose sur la présence de matériel génétique propre à ces organites. La majeure partie de leur génome a été simplifiée et transférée vers le noyau de la cellule hôte.

Méthode

Comprendre l'origine des chloroplastes

Les chloroplastes sont les organites clés de la photosynthèse réalisée par les organismes végétaux.

À l'aide du document ci-dessous et de vos connaissances, émettre une hypothèse quant à l'origine des chloroplastes dans les cellules végétales.

DOC. Chloroplaste d'une cellule végétale (a) et cyanobactérie (b)

Photographies en microscopie électronique à transmission. Le thylakoïde est une structure permettant de capter la lumière utile à la photosynthèse.

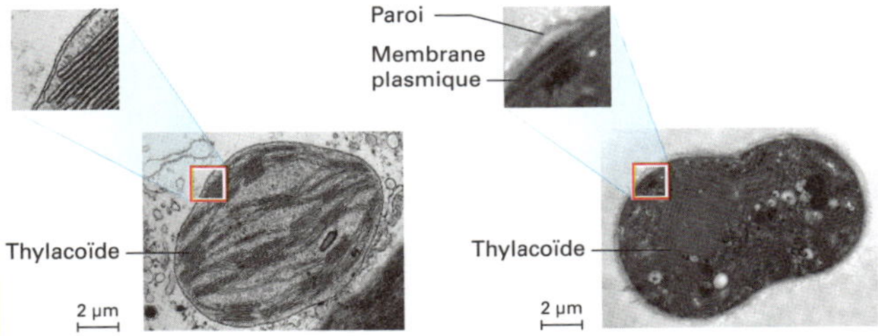

Conseils

Étape 1 Dénombrer les membranes plasmiques délimitant le chloroplaste et la cyanobactérie.

Étape 2 Identifier une structure commune aux chloroplastes et aux cyanobactéries.

Étape 3 Imaginer un scénario expliquant l'origine du chloroplaste des cellules eucaryotes.

SOLUTION

Étape 1 Le chloroplaste est délimité par deux membranes, tandis que la cyanobactérie n'en compte qu'une.

Étape 2 Le thylakoïde est une structure que l'on rencontre à la fois dans la cellule eucaryote végétale et chez les cyanobactéries.

Étape 3 Le chloroplaste et la cyanobactérie présentant des structures communes, il est probable qu'une cyanobactérie ait été phagocytée à l'origine par une cellule eucaryote. La seconde membrane présente autour du chloroplaste serait héritée de la membrane plasmique de la cellule eucaryote ayant phagocyté la cyanobactérie.

Une prévision mathématique des fréquences alléliques

7

☐ OK

I Modèle de Hardy-Weinberg et fréquences des allèles

- Hardy et Weinberg formulent au XXe siècle un modèle de transmission des allèles au cours des générations pour une population « idéale ».
- Ce modèle avance une **stabilité des fréquences relatives des allèles** d'un gène donné au cours des générations au sein de cette population idéale. Un tableau de croisements permet de prévoir les fréquences des génotypes à la génération suivante.
- Considérons un gène à deux allèles (A et a). Pour une génération donnée, si p est la fréquence de l'allèle A et q la fréquence de l'allèle a, on a $p+q=1$. Cela permet d'établir le tableau de croisement suivant.

DOC. Fréquence des génotypes à la génération $n + 1$

Fréquence des allèles à la génération n	A (p)	a (q)
A (p)	AA (p^2)	Aa (pq)
a (q)	Aa (pq)	aa (q^2)

- **Démonstration** de la stabilité des fréquences des allèles. Soit $f(\text{A})$ la fréquence de l'allèle A à la génération n, $f'(\text{A})$ sa fréquence à la génération $n+1$, on a :

$$f'(\text{A}) = f'(\text{AA}) + \frac{1}{2}f'(\text{Aa}) = p^2 + \frac{1}{2} \times 2pq = p^2 + pq = p\,(p+q) = p = f(\text{A}).$$

La fréquence de l'allèle A à la génération $n+1$ est bien la même qu'à la génération n.

II Conditions pour valider le modèle

- La **population « idéale »** étudiée dans le cadre du modèle de Hardy-Weinberg doit respecter un certain nombre de **conditions** :
  - une population formée d'individus diploïdes à reproduction sexuée ;
  - une reproduction entre individus de même génération ;
  - une rencontre entre individus (et donc des gamètes) liée au hasard ;
  - une population d'effectif infini (pas de dérive génétique) ;
  - une absence de mutation du gène considéré ;
  - une absence de sélection (positive ou négative) du gène considéré ;
  - une absence de migration des individus de la population.
- Dans la plupart des **populations réelles**, au moins l'une de ces conditions ne peut être vérifiée et empêche donc de valider le modèle.

Méthode

Calculer des fréquences alléliques dans une population idéale

Chez une espèce végétale diploïde à floraison annuelle, un gène codant la couleur des fleurs est représenté par deux allèles : l'allèle A est à l'origine d'une coloration rouge sang, l'allèle B d'une coloration rose.

Un échantillon d'individus de la population a été prélevé et la couleur des fleurs déterminée à partir de la concentration des pigments présents. On distingue ainsi trois types d'individus dont les phénotypes sont annotés [rouge], [rose foncé] et [rose].

Dans un échantillon de 416 individus, on a trouvé 220 [rouge], 130 [rose] et 66 [rose foncé]. On considère que la population respecte le modèle de Hardy-Weinberg.

Calculer les fréquences de chaque allèle du gène codant la couleur des fleurs dans la population étudiée.

Conseils

Étape 1 Annoter les génotypes des individus correspondant aux trois phénotypes relevés dans la population végétale.
Étape 2 Donner la relation mathématique décrivant la fréquence de chaque allèle.
Étape 3 Calculer la fréquence de chaque génotype.
Étape 4 Calculer la fréquence de chaque allèle dans la population.

SOLUTION

Étape 1 Les organismes sont diploïdes.
Phénotype [rouge] : génotype (AA).
Phénotype [rose] : génotype (BB).
Phénotype [rose foncé] : génotype (AB).

Étape 2 La population respectant le modèle de Hardy-Weinberg, les fréquences des allèles sont stables au cours des générations. Donc, on a : $f(\text{A}) = f(\text{AA}) + \frac{1}{2} f(\text{AB})$ et $f(\text{B}) = f(\text{BB}) + \frac{1}{2} f(\text{AB})$.

Étape 3 Les fréquences des génotypes peuvent être calculées en divisant l'effectif de chaque phénotype par l'effectif total de la population : $f(\text{AA}) = \frac{220}{416}$; $f(\text{BB}) = \frac{130}{416}$; $f(\text{AB}) = \frac{66}{416}$.

Étape 4 Les fréquences de chaque allèle sont donc les suivantes :
$f(\text{A}) = \frac{220}{416} = \frac{1}{2} \times \frac{66}{416} = \frac{253}{416} = 0{,}6$ et $f(\text{B}) = \frac{130}{416} = \frac{1}{2} \times \frac{66}{416} = \frac{98}{416} = 0{,}4$.

Des mécanismes génétiques à l'origine de l'évolution

8

☐ OK

I Des populations d'individus soumises à des forces évolutives

- Les populations sont formées d'individus présentant une **variabilité intraspécifique**, en raison de la diversité des allèles (à cause notamment des mutations). Cette variabilité est le support de l'évolution : elle entraîne la variation des fréquences d'allèles représentés dans la population au cours du temps.
- L'une des forces évolutives à l'origine de la modification des fréquences d'allèles dans les populations est la **sélection naturelle**. Dans un milieu donné, un allèle peut se montrer avantageux ou désavantageux pour l'individu qui le porte. Celui-ci pourra donc mieux (ou moins bien) survivre et se reproduire, transmettant (ou non) ses allèles à la génération suivante.
- La plupart des allèles sont néanmoins neutres vis-à-vis de la survie et de la reproduction des individus. Par conséquent, les variations de fréquences des allèles dans une population sont majoritairement attribuées aux effets du hasard de rencontres des individus et donc des allèles (dans le cadre de la reproduction) : c'est la **dérive génétique**.

II Les espèces, ensembles d'individus isolés génétiquement

- Une **espèce** peut être considérée comme une population d'individus isolés génétiquement d'autres populations. Cet isolement implique des **barrières génétiques** entre les individus.

> **Rappel**
> Les individus d'une même espèce engendrent une descendance fertile.

- Ces barrières sont généralement de nature géographique (distance, montagnes...), mais elles peuvent aussi être anatomiques, comportementales ou chromosomiques, empêchant l'accouplement (périodes de reproduction différentes, par exemple), voire la fécondation.
- Ces barrières sont souvent **limitées dans le temps**, du fait de l'instabilité du milieu de vie (modification du paysage) et des individus (mutations, dérive et sélection). Par conséquent, la notion d'espèce est liée au temps (apparition de deux espèces distinctes à la suite de la séparation géographique d'une même population).

Méthode

Comprendre l'action de la sélection naturelle

Des populations de mésanges ont été étudiées sur deux sites (Liouc et Quissac) du Gard. Les chercheurs ont mesuré :
- l'abondance de chenilles, source de nourriture principale des mésanges, apportant l'énergie nécessaire à la ponte ;
- le nombre d'œufs pondus par les mésanges.

La période de ponte est contrôlée par un gène à deux allèles : ponte précoce et ponte tardive.

À partir des données, montrer que le milieu exerce une sélection des mésanges et proposer un scénario évolutif pour leurs populations.

DOC. Abondance de chenilles et pourcentages d'œufs pondus

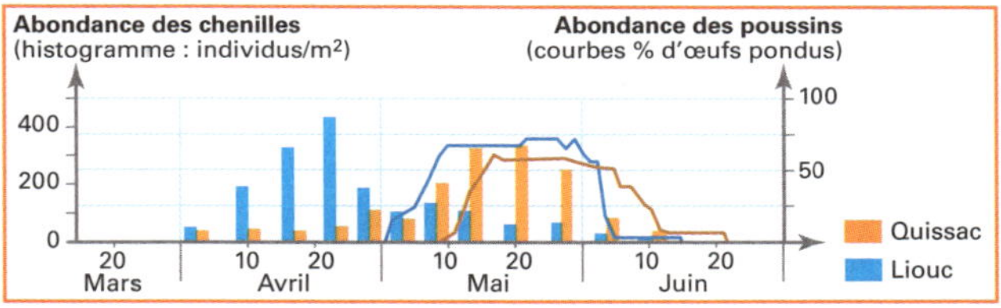

Conseils

Étape 1 Étudier la relation entre abondance des chenilles et ponte des mésanges.
Étape 2 Expliquer l'influence du milieu sur la date de ponte des mésanges et en déduire les allèles sélectionnés sur chaque site.
Étape 3 Émettre une hypothèse sur le devenir des populations de mésanges.

SOLUTION

Étape 1 À Liouc comme à Quissac, le maximum de pontes a lieu après le maximum d'abondance des chenilles. La ponte et l'abondance des chenilles sont plus précoces à Liouc qu'à Quissac.
Étape 2 La période de ponte des mésanges est liée à l'abondance des chenilles. L'allèle ponte précoce apporte un avantage aux mésanges de Liouc, car elles bénéficient d'une période d'abondance de nourriture. L'allèle est donc sélectionné à Liouc. L'allèle ponte tardive est, lui, plus avantageux à Quissac : il est sélectionné sur ce site.
Étape 3 Le milieu entraîne l'isolement génétique des populations d'oiseaux des deux sites. On peut donc supposer que, dans de nombreuses générations, elles ne seront plus capables de se reproduire entre elles et formeront deux espèces.

Autres mécanismes contribuant à la biodiversité

9

☐ OK

I Des associations entre êtres vivants

- Certains organismes **s'associent durablement**, s'assurant ainsi une meilleure survie et une meilleure reproduction. Ces associations, non héréditaires, sont dites obligatoires (les organismes ne peuvent pas survivre séparément).
- Ces associations peuvent être à bénéfices réciproques pour les deux partenaires : on parle alors de **symbiose mutualiste**. Exemple : le microbiote aide la digestion de l'hôte, qui l'héberge en retour.
- Dans certains cas, l'un des partenaires se développe aux dépens de l'autre : on parle alors de **parasitisme**. Exemple : le cynips (guêpe parasite) pond ses œufs sur les feuilles de chêne, entraînant la formation d'une galle.

II L'utilisation d'éléments du milieu

Certaines espèces réalisent des **constructions** (terriers, nids…) à partir d'éléments du milieu. D'autres éléments peuvent être utilisés pour attirer des individus du sexe opposé.

DOC. Le jardinier satiné
Le jardinier satiné construit un « berceau » de brindilles orné de ses plumes ou de petits objets bleus pour attirer une femelle.

III Une transmission des comportements

- Les **chants d'oiseaux** jouent un rôle dans la reconnaissance entre individus. La réalisation d'un nouveau chant est donc un facteur d'isolement de populations. L'utilisation d'outils chez les primates ou les pratiques culturelles dans les sociétés humaines peuvent avoir les mêmes conséquences.
- Ces comportements participent ainsi à la **diversification du vivant** sans modifier leur génome. Transmis de génération en génération par apprentissage, leur pratique peut être sélectionnée si elle apporte des bénéfices aux individus les réalisant.

Méthode

Étudier l'association d'êtres vivants à l'origine du lichen

Les lichens sont l'association de deux espèces distinctes.

À partir des documents et de vos connaissances, montrer que le lichen est un organisme issu d'une symbiose mutualiste.

DOC. 1. Coupe de lichen

Les sorédies sont les formes de dispersion reproductives du lichen, assurant une reproduction asexuée des deux partenaires (par mitoses).

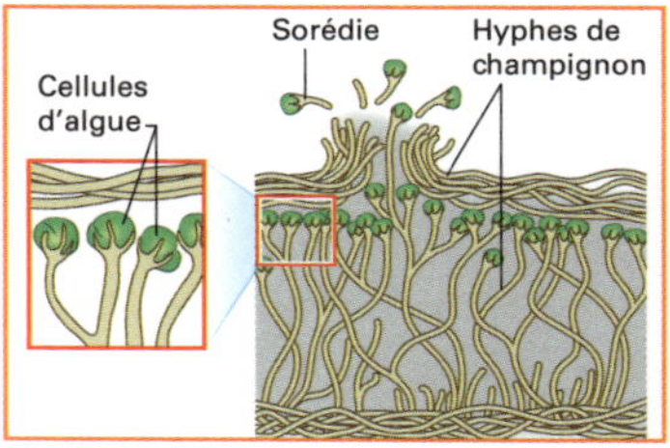

DOC. 2. Nutrition des végétaux et des champignons

Les végétaux chlorophylliens captent l'énergie lumineuse par photosynthèse afin de produire de la matière organiqe à partir de matière minérale (CO_2 atmosphérique) et d'autres minéraux du sol.
Les champignons ne réalisent pas la photosynthèse, mais leurs réseaux d'hyphes prélèvent des sels minéraux dans le sol et extraient de la matière organique à partir de la digestion d'autres êtres vivants.

Conseils

Étape 1 Montrer que le lichen est une association durable d'êtres vivants.
Étape 2 Relever les différences dans la nutrition des végétaux et des champignons, en termes de matières minérale et organique.
Étape 3 En déduire les bénéfices de la symbiose pour les deux partenaires.

SOLUTION

Étape 1 Le lichen est formé de deux organismes : des algues unicellulaires incluses dans des hyphes de champignon. Cette association perdure grâce aux sorédies, forme reproductive dispersant les deux partenaires à la fois.

Étape 2 Les végétaux peuvent élaborer leur matière organique par photosynthèse à partir de matière minérale issue du milieu. Les champignons ne réalisent pas la photosynthèse et doivent donc prélever leur matière organique directement dans le milieu.

Étape 3 La symbiose permet des échanges bénéfiques entre les partenaires : les algues transfèrent les produits photosynthétiques au champignon, qui fournit la matière minérale et assure une protection.

Quiz EXPRESS

10

Avez-vous bien révisé les fiches 6 à 9 ? On vérifie !

1 La complexification des génomes

▶ FICHE 6

Les transferts horizontaux :

☐ a. sont des transferts de gènes de parents à descendants

☐ b. sont liés à la résistance bactérienne aux antibiotiques

☐ c. concernent des transferts de gènes entre espèces

2 Une prévision mathématique des fréquences alléliques

▶ FICHE 7

Le modèle de Hardy-Weinberg :

☐ a. prévoit des variations aléatoires des fréquences alléliques

☐ b. concerne des populations idéales

☐ c. considère que les populations ne subissent que des mutations

3 Des mécanismes génétiques à l'origine de l'évolution

▶ FICHE 8

Les espèces :

☐ a. ne sont pas modifiées au cours du temps

☐ b. sont des populations différentes morphologiquement

☐ c. sont des populations isolées génétiquement par des barrières

4 Autres mécanismes contribuant à la biodiversité

▶ FICHE 9

Les mécanismes non génétiques de diversification du vivant concernent :

☐ a. des comportements transmis de génération en génération

☐ b. des associations héréditaires entre êtres vivants

☐ c. le « phénotype étendu » des individus

CORRIGÉS

1 La complexification des génomes

Réponses b et c. Les transferts horizontaux sont liés à la résistance aux antibiotiques. Ils concernent des transferts de gènes entre espèces.

La réponse **a** est incorrecte. Les transferts horizontaux ne se font pas de parents à descendants.

2 Une prévision mathématique des fréquences alléliques

Réponse b. Le modèle de Hardy-Weinberg concerne des populations idéales.

Les réponse **a** et **c** sont incorrectes. Le modèle prévoit une stabilité des fréquences alléliques au cours des générations. Les populations de ce modèle ne sont soumises à aucune force évolutive, ni même aux mutations.

3 Des mécanismes génétiques à l'origine de l'évolution

Réponse c. Les espèces sont des populations isolées génétiquement par des barrières.

Les réponses **a** et **b** sont incorrectes. Dans le contexte de l'évolution, les espèces sont modifiées au cours du temps. Certains individus se ressemblent mais n'appartiennent pas à la même espèce, sur la base de critères reproductifs.

4 Autres mécanismes contribuant à la biodiversité

Réponses a et c. Les mécanismes non génétiques de diversification du vivant concernent des comportements transmis de génération en génération, ainsi que le « phénotype étendu » des individus.

La réponse **b** est incorrecte. Les associations héréditaires sont transmises de génération en génération par des transferts génétiques de parents à descendants.

L'histoire de la Terre : la chronologie relative

11

☐ OK

I Principes de la chronologie relative

- Des relations géométriques permettent de reconstituer la chronologie relative de la mise en place des diverses structures géologiques.
- Trois principes logiques guident l'étude stratigraphique :

– superposition : une couche sus-jacente à une autre est plus récente ;
– recoupement : une structure qui en recoupe une autre est plus récente ;
– inclusion : une structure incluse dans une autre est plus ancienne.

- Les associations de fossiles stratigraphiques (doc.) caractérisent un intervalle de temps précis. Elles permettent d'établir des corrélations entre des régions éloignées.

DOC. Association de fossiles stratigraphiques du Stampien (Cénozoïque)

Mots clés

- **Stratigraphie :** étude de la stratification des roches et de leur âge relatif.
- **Fossile stratigraphique :** espèce fossile caractéristique d'une période géologique relativement courte.

II L'élaboration de l'échelle des temps géologiques

- Les coupures dans les temps géologiques sont établies sur des critères paléontologiques : l'apparition ou la disparition de groupes fossiles.
- La superposition des temps géologiques aboutit à l'échelle stratigraphique : l'ère, encadrée par des événements de modifications radicales de la biodiversité (crise biologique majeure, comme celle de la fin du Permien ou du Crétacé ; diversification des formes de vie, comme celle des Métazoaires bilatériens au début du Cambrien), est divisée en périodes, elles-mêmes divisées en étages. Ces derniers sont définis par des stratotypes.

Mot clé

Stratotype : affleurement de référence définissant un étage géologique.

Méthode

Établir la chronologie d'une coupe géologique

Une coupe géologique permet d'établir des chronologies relatives.

À partir de l'analyse de la coupe géologique de la nappe du Guil (Hautes-Alpes), établir la succession des événements visibles.

DOC. Coupe géologique au niveau du Pic des Ourgières

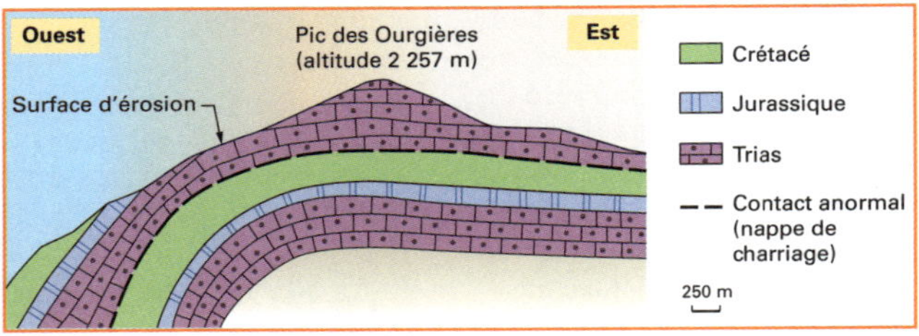

Conseils

Étape 1 Lister les principales structures et événements géologiques à ordonner chronologiquement.
Étape 2 Appliquer les principes de la stratigraphie et vos connaissances.
Étape 3 Reconstituer l'ordre chronologique des événements.

SOLUTION

Étape 1 Il faut positionner chronologiquement les trois dépôts sédimentaires (Crétacé, Jurassique, Trias), la mise en place du pli, de la nappe de charriage et la surface d'érosion.

Étape 2 Par superposition, on déduit que les dépôts du Crétacé sont plus récents que ceux du Jurassique, eux-mêmes plus récents que ceux du Trias. La mise en contact direct du Trias par-dessus Crétacé s'explique par l'existence d'un contact anormal : celui-ci est donc postérieur au Crétacé. Le pli affectant à la fois la nappe de charriage et les couches sédimentaires sous-jacentes est encore plus récent. Enfin, l'érosion touche l'ensemble des structures, c'est donc l'événement le plus récent.

Étape 3 On en déduit l'ordre chronologique suivant :

1. Dépôts du Trias, du Jurassique, puis du Crétacé.
2. Superposition anormale (nappe de charriage) de ces dépôts sur eux-mêmes.
3. Plissement de l'ensemble.
4. Érosion des reliefs.

L'histoire de la Terre : la chronologie absolue

12

☐ OK

I | Principe de la radiochronologie

- La plupart des roches contiennent, généralement à l'état de traces, des isotopes **radioactifs** : ces éléments atomiques instables (éléments pères) se désintègrent progressivement, laissant la place à des éléments fils.
- La désintégration radioactive est un phénomène continu et irréversible. Chaque élément radioactif est caractérisé par sa **demi-vie** ($t_{1/2}$), c'est-à-dire la durée nécessaire pour que la moitié de la quantité initiale du radioélément se désintègre.

DOC. **Évolution des quantités d'éléments père et fils**

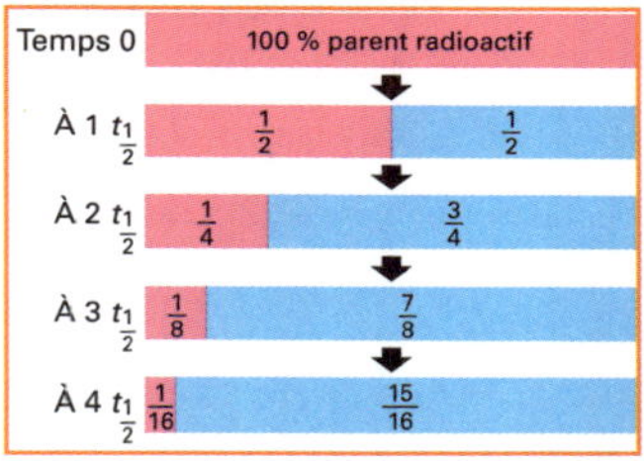

- Le rapport entre la quantité de l'élément père radioactif et de l'élément fils **radiogénique** (issu de la radioactivité) ne dépend donc que du temps qui s'est écoulé depuis la formation de l'objet étudié : ceci permet de déterminer l'âge des minéraux constitutifs d'une roche. Ce rapport constitue ainsi un véritable « **chronomètre** ».

II | Matériel nécessaire et résultats

- Différents « chronomètres » sont utilisés en géologie. Leur choix dépend de la nature des roches et de l'événement à dater, ainsi que de leur âge supposé (qui a pu être évalué par chronologie relative).
- On date en réalité la **fermeture** d'un système, c'est-à-dire le moment où cesse tout échange entre le système et son environnement. Par exemple, la cristallisation d'un minéral correspond à la fermeture d'un système (cristallin).
- Le métamorphisme ou la cristallisation des roches magmatiques peuvent être datés, mais pas la sédimentation. Les roches sédimentaires ne constituent généralement pas un système fermé et présentent peu d'éléments pouvant servir de chronomètre.
- Des mesures effectuées sur différents chronomètres (différents minéraux) d'une même roche peuvent donner des valeurs différentes, car chaque minéral a sa propre température de cristallisation (donc de fermeture).

Méthode

Choisir une méthode de chronologie absolue

En 2012, une équipe franco-turque a découvert en Turquie les restes d'un rhinocéros prisonnier dans une roche volcanique.

D'après les documents, expliquer comment dater ce fossile, en identifiant le chronomètre à utiliser.

DOC. 1. Un fossile de rhinocéros

Ceratotherium neumayri est une espèce de rhinocéros qui était fréquente dans le bassin méditerranéen à la fin du Miocène (– 5 Ma). La roche volcanique qui a emprisonné l'animal est une ignimbrite (nuée ardente), composée principalement de quartz, de feldspaths potassiques et sodiques, et de biotite (riche en K).

DOC. 2. Exemples de chronomètres

Un chronomètre ne peut être utilisé pour dater un événement ayant plus de 10 fois sa demi-vie.

Chronomètre	$t_{1/2}$	Type de matériau
^{14}C	5 570 ans	Matière organique fossile riche en carbone
$^{40}K/^{40}Ar$	1,248 Ga	Minéraux potassiques des roches magmatiques

Conseils

Étape 1 Identifier les matériaux datables et les chronomètres utilisables.
Étape 2 Comparer les chronomètres avec l'événement à dater. Conclure.

SOLUTION

Étape 1 On peut dater soit la mort du rhinocéros (s'il reste de la matière organique) grâce au ^{14}C, soit la cristallisation des minéraux potassiques (feldspaths ou biotite) de la nuée ardente qui l'a tué grâce au $^{40}K/^{40}Ar$.

Étape 2 Le document 2 précise que l'on ne peut utiliser un chronomètre pour dater un objet âgé de plus de 10 fois sa demi-vie. La méthode au ^{14}C ne peut donc être utilisée pour des objets de plus de 55 700 ans. Or, le fossile découvert est celui d'une espèce vivant à la fin du Miocène, donc âgée d'au moins 5 Ma (soit beaucoup plus que 55 700 ans).

Le seul moyen de dater le rhinocéros est donc d'utiliser la méthode au $^{40}K/^{40}Ar$ sur les minéraux de la roche volcanique encaissante.

Le passé mouvementé de la Terre

13

☐ OK

I Des continents aux âges variés

Les continents actuels regroupent des domaines géologiques d'âges différents. Ils contiennent souvent des reliquats d'anciennes chaînes de montagnes issues de précédents cycles orogéniques dont on peut retrouver les traces des principales étapes : fragmentation continentale (rifting), ouverture d'un océan, subduction, collision de continents, disparition des reliefs.

DOC. 1. Étapes d'un cycle orogénique

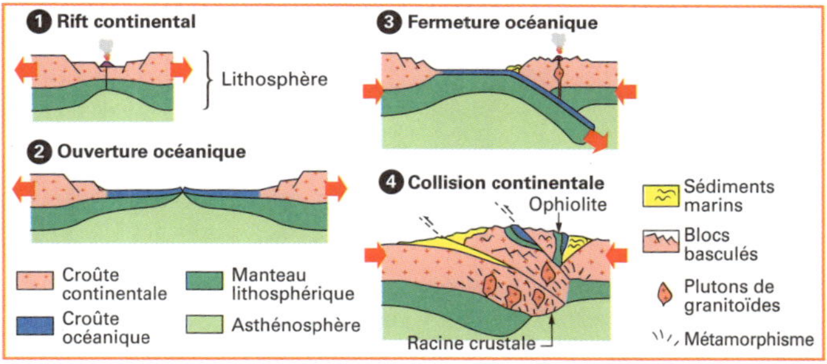

II À la recherche des océans disparus

- La présence de complexes ophiolitiques au sein des chaînes de montagnes témoigne d'anciens océans, exhumés par la collision continentale.
- Certains domaines océaniques sont bordés par des marges passives montrant des indices de distension (failles normales, blocs basculés), qui témoignent de la fragmentation du continent (rift continental) précédant l'ouverture de l'océan.
- La dynamique de la lithosphère détermine différentes périodes paléogéographiques pendant lesquelles alternent des périodes de réunion des blocs continentaux (formation de la Pangée à la fin du Paléozoïque) et des périodes de fragmentation (mise en place de dorsales fragmentant la Pangée au Mésozoïque).

> **Mot clé**
>
> **Complexe ophiolitique :** groupe de roches issues de la lithosphère océanique (péridotite, gabbro, basalte en coussins, sédiments océaniques).

Méthode

Repérer les étapes d'un cycle orogénique

Les Alpes constituent le dernier cycle orogénique affectant l'Europe.

Reconstituer l'histoire des Alpes à l'aide de la carte géologique.

DOC. 1. Carte géologique simplifiée des Alpes

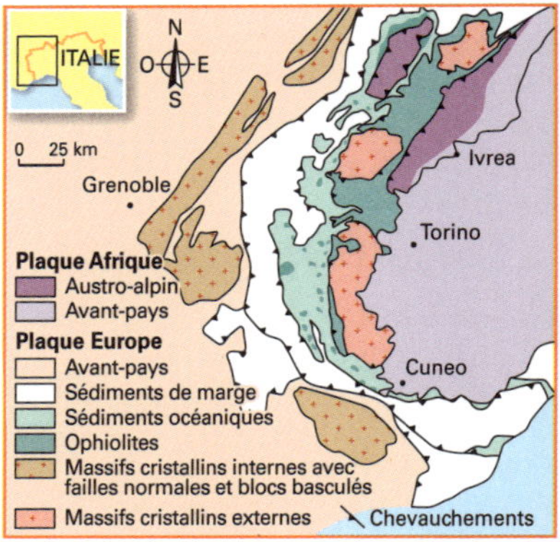

Conseils

Étape 1 Rappeler les grandes étapes d'un cycle orogénique.
Étape 2 Repérer les indices témoignant des étapes du cycle orogénique.
Étape 3 Organiser les informations chronologiquement et conclure.

SOLUTION

Étape 1 Un cycle orogénique comprend généralement une fragmentation continentale suivie d'une océanisation, la disparition de l'océan par subduction/obduction, puis la collision continentale et l'érosion des reliefs.

Étape 2 Les failles normales et blocs basculés des massifs cristallins externes, ainsi que les sédiments de marge constituent une ancienne marge passive. La présence d'ophiolites et de sédiments océaniques témoigne de la présence d'un ancien océan. Les chevauchements résultent de la collision de deux plaques continentales.

Étape 3 L'histoire des Alpes a commencé par la fragmentation d'un ancien continent, créant des marges passives et l'ouverture d'un océan. Cet océan a ensuite disparu par subduction (et obduction) due à la collision entre deux plaques tectoniques, ce qui explique la présence d'une ceinture ophiolitique coincée entre les deux plaques.

Quiz EXPRESS 14

Avez-vous bien révisé les fiches 11 à 13 ? On vérifie !

1 La chronologie relative

▶ FICHE 11

1. Soit une strate A coupée par une faille F et située sous une strate B non faillée. La chronologie est :

- ☐ a. dépôt de A, dépôt de B, faille F
- ☐ b. dépôt de A, faille F, dépôt de B
- ☐ c. dépôt de B, dépôt de A, faille F

2. Un bon fossile stratigraphique doit être présent :

- ☐ a. dans de nombreuses strates d'un même affleurement
- ☐ b. dans un nombre limité de strates successives
- ☐ c. dans des strates de nombreux affleurements
- ☐ d. uniquement dans un secteur géographique limité

2 La chronologie absolue

▶ FICHE 12

Pour donner un âge numérique à des basaltes situés sous un calcaire du Crétacé, on peut :

- ☐ a. utiliser la radiochronologie au carbone 14 ($t_{1/2} = 5\,730$ ans)
- ☐ b. utiliser la radiochronologie à l'uranium 235/plomb 207 ($t_{1/2} = 0{,}7$ Ga)
- ☐ c. appliquer une méthode de chronologie relative

3 Le passé mouvementé de la Terre

▶ FICHE 13

1. L'ordre chronologique d'un cycle orogénique complet est :

- ☐ a. rift, dorsale, subduction, collision, pénéplanation
- ☐ b. rift, pénéplanation, dorsale, subduction, collision
- ☐ c. collision, rift, dorsale, subduction, pénéplanation

2. Les ophiolites sont des traces :

- ☐ a. de la lithosphère continentale chevauchante
- ☐ b. de la lithosphère océanique subduite ou obduite
- ☐ c. de la lithosphère continentale chevauchée

CORRIGÉS

1 La chronologie relative

1. **Réponse b.** La chronologie est : dépôt de A, faille F, puis dépôt de B.

Les réponses **a** et **c** sont par conséquent incorrectes.

2. **Réponses b et c.** Un bon fossile stratigraphique doit être présent dans un nombre limité de strates successives (pour être représentatif d'une période courte) et dans les strates de nombreux affleurements (il doit posséder une grande extension géographique).

Les réponses **a** et **d** sont incorrectes. Un bon fossile statigraphique ne doit être localisé dans un grand nombre de strates ni dans un secteur géographique limité.

2 La chronologie absolue

Réponse b. Pour donner un âge numérique à des basaltes situés sous un calcaire du Crétacé, on peut utiliser la méthode radiochronologique à l'uranium 235/plomb 207.

Les réponses **a** et **c** sont incorrectes. La méthode au ^{14}C ne peut être utilisée au-delà de 50 000 ans (et il n'y a pas de carbone dans le basalte). La chronologie relative ne permet pas de donner un âge numérique (absolu).

3 Le passé mouvementé de la Terre

1. **Réponse a.** L'ordre chronologique d'un cycle orogénique complet est : rift, dorsale, subduction, collision, pénéplanation.

Les réponses **b** et **c** sont par conséquent incorrectes.

2. **Réponse b.** Les ophiolites sont des traces de la lithosphère océanique subduite ou obduite.

Les réponses **a** et **c** sont incorrectes. Les ophiolites sont des complexes de roches typiquement océaniques et non continentales.

L'adaptation de la plante à la vie fixée

15

☐ OK

I L'optimisation des échanges nutritifs

● La plante à fleurs comporte une **tige**, des feuilles en contact avec l'atmosphère et des **racines** qui ancrent la plante dans le sol. Du fait de cet ancrage, la plante s'est adaptée à la vie fixée.

● Les **feuilles** présentent une grande surface qui leur permet une grande exposition à la lumière. Elles possèdent des stomates, composés de deux cellules qui délimitent une ouverture facilitant les échanges gazeux entre la plante et l'atmosphère.

● Dans le sol, les racines de la plante s'associent très souvent à des champignons pour former une **structure symbiotique** appelée **mycorhize**. Le développement des mycorhizes améliore l'absorption d'eau et de sels minéraux dans le sol ; en échange, la plante fournit de la matière organique aux champignons.

DOC. Adaptations de la plante à la vie fixée

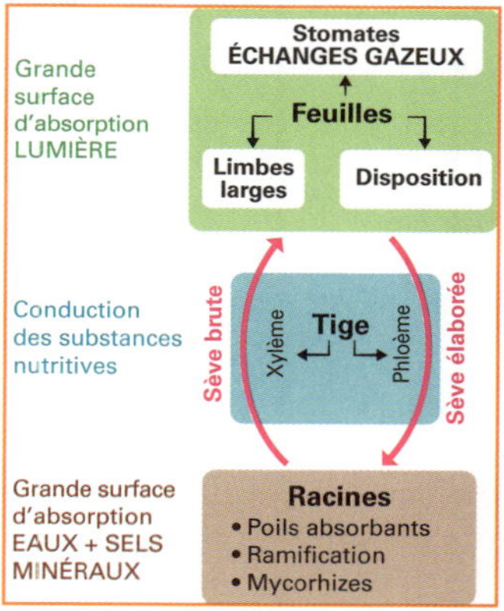

II La conduction des substances nutritives

● Les **zones d'absorption** de la plante sont les racines et les feuilles. Comme la matière organique est synthétisée dans les feuilles, il est nécessaire de leur transférer des substances nutritives par la tige.

● La tige est parcourue de vaisseaux, qui sont des **cellules cylindriques** permettant la conduction de substances nutritives. Les vaisseaux du xylème conduisent la sève brute et les vaisseaux du phloème conduisent la sève élaborée.

● Les feuilles qui produisent la matière organique sont qualifiées d'**organes sources**.

Mots clés

- **Sève brute** : liquide riche en eau et en sels minéraux, provenant des racines.
- **Sève élaborée** : liquide riche en matière organique produite par le métabolisme des plantes.

Méthode

Mettre en évidence l'adaptation des feuilles

La lumière est une ressource nécessaire pour l'Homme, pour la synthèse de vitamine D, mais surtout pour la plante qui réalise la photosynthèse. Des données sont utilisées pour comparer l'Homme et la violette, une plante utilisée en confiserie et en parfumerie.

Montrer qu'à poids égal la violette possède une surface d'absorption de la lumière plus efficace que celle de l'Homme.

DOC. Masse et surfaces d'échanges chez l'Homme (*Homo sapiens*) et la violette (*Viola odorata*)

Homme		**Violette**	
Masse	85 kg	Masse	0,007 kg
Surface de la peau	2,55 m^2	Surface des feuilles	0,035 m^2
Surface des alvéoles pulmonaires	157 m^2	Surface des racines	4,55 m^2
Surface de la muqueuse intestinale	238 m^2		

Conseils

Étape 1 Identifier ce qui, chez l'Homme, peut être comparé aux feuilles pour l'absorption de la lumière.
Étape 2 Identifier l'intérêt de comparer des rapports surface/masse.
Étape 3 Calculer les rapports surface/masse de l'organe d'absorption de la lumière pour ces deux organismes.
Étape 4 Interpréter les résultats de vos calculs pour déterminer l'être vivant le mieux adapté à l'absorption de la lumière.

SOLUTION

Étape 1 Chez l'Homme, c'est la peau qui est exposée à la lumière.
Étape 2 Les deux espèces ont des tailles et des structures très différentes. Pour comparer leurs surfaces d'échanges, on considère les valeurs des surfaces, rapportées à un même poids.
Étape 3 Chez la violette, le rapport est de 0,035/0,007 = 5 m^2/kg ; chez l'Homme, il est de 2,55/85 = 0,03 m^2/kg.
Étape 4 À masse égale, la violette possède une surface d'absorption de la lumière 166 fois plus grande que celle de l'homme. La feuille de la violette est donc un organe bien plus adapté à l'absorption de lumière que la peau de l'Homme.

La plante, un développement localisé et contrôlé

16

☐ OK

I Les méristèmes, sièges du développement des plantes

- De nombreuses divisions cellulaires se déroulent dans des régions de la plante appelées **méristèmes**. Ces zones participent au développement et à la croissance de la plante en produisant en permanence de nouvelles cellules.

- Les méristèmes **caulinaires** sont localisés à l'extrémité des tiges, les méristèmes **axillaires** sont à la base des feuilles et les méristèmes **racinaires** à l'apex des racines.

DOC. Méristèmes et zoom sur un méristème apical caulinaire

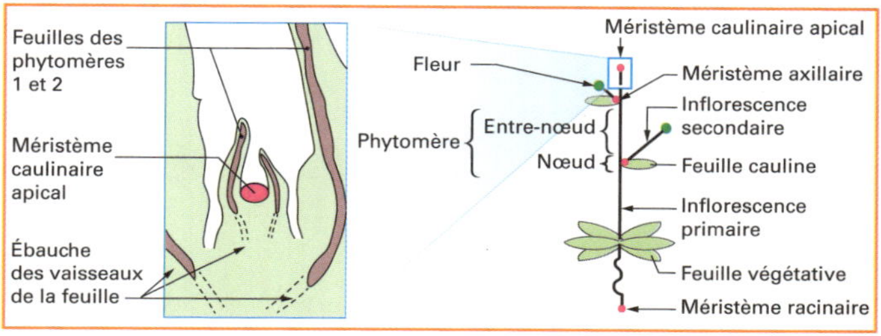

- Les cellules produites dans les méristèmes s'allongent puis se différencient. Divisions cellulaires, allongement et différenciation permettent aux organes de la plante de se construire : c'est l'organogenèse.

> **Mot clé**
>
> **Organogenèse** : ensemble des processus à l'origine de la production des organes (feuilles, tige, racines, fleurs).

II Un développement sous contrôle

- Le développement des plantes est influencé par des hormones végétales ou phytohormones, comme l'auxine, qui agissent sur les cellules.

- L'environnement peut aussi influencer le développement de la plante. Celle-ci modifie son port ou sa ramure pour supporter des vents forts ou mieux accéder à la lumière. Ces réactions sont des tropismes.

> **Mot clé**
>
> **Phototropisme** : modification de la croissance d'une plante sous l'effet de la lumière.

Méthode

Mettre en évidence le phototropisme

Dans son ouvrage « *La force motrice dans les plantes* », Charles Darwin définit « l'héliotropisme [phototropisme] négatif et positif [… comme la] torsion d'un organe vers la lumière ou dans le sens opposé ».

En vous appuyant sur le document, montrer comment Darwin a mis en évidence le phototropisme.

DOC. Expériences réalisées par Darwin en 1880 (a, b, c) et complétées par Went en 1930 (d)

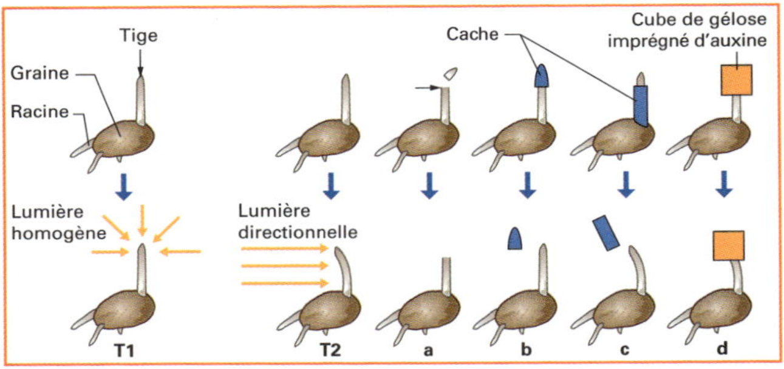

Conseils

Étape 1 Commenter le résultat des expériences témoins T1 et T2.
Étape 2 Comparer les résultats de l'expérience témoin T2 avec les expériences a, b et c.
Étape 3 Conclure quant à la réaction de la plante à la lumière, la zone et la substance impliquées dans le phototropisme.

SOLUTION

Étape 1 Sous l'effet de la lumière, la tige se courbe vers la gauche (T2). Si la lumière est homogène la tige reste droite (T1).

Étape 2 La tige coupée à l'apex (a) ou qui a l'apex caché (b) ne se courbe pas vers la lumière. En revanche, la tige dont on a masqué la base (c) se courbe comme la tige témoin T2.

Étape 3 La tige se courbe vers la lumière par le phénomène appelé phototropisme. Quand l'apex est caché ou coupé, il n'y a pas de réaction à la lumière. C'est donc l'apex qui est à l'origine de la réponse phototropique. Si on le coupe et que l'on met à sa place un cube imprégné d'auxine (d), la tige se courbe. L'auxine est donc la substance impliquée dans la réaction phototropique.

La photosynthèse, métabolisme producteur de matière organique

17

☐ OK

I La captation de lumière par les pigments

- La feuille est constituée d'un tissu de cellules chlorophylliennes, riches en chloroplastes. Ces organites sont emplis de vésicules, les **thylakoïdes**, dont la membrane contient des pigments comme la **chlorophylle** ou le **carotène** qui sont regroupés dans des structures nommées les **photosystèmes**.
- Les pigments sont des molécules excitables par la lumière. Leur excitation est à l'origine d'une cascade de réactions aboutissant à la photolyse de l'eau et à la libération de dioxygène : c'est la **phase photochimique**.

Mot clé

Photolyse : dégradation d'une molécule sous l'effet de la lumière.

DOC. Structures impliquées dans la captation de lumière

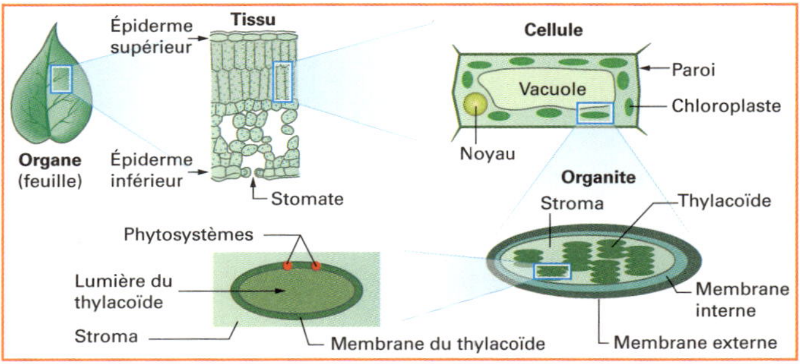

II La synthèse de matière organique

- L'énergie produite au cours de la phase photochimique est réinvestie au cours d'une **phase chimique** lors de laquelle une succession de réactions aboutira à la production de glucides à partir de l'assimilation du dioxyde de carbone. Pour que la photosynthèse soit opérationnelle, les phases chimiques et photochimiques doivent être couplées.
- Le principal glucide produit par la photosynthèse est le **glucose**, mais d'autres « sucres » sont élaborés comme le fructose, le saccharose... Ces glucides sont ensuite acheminés dans toute la plante au moyen de la sève élaborée.

Méthode

Montrer le rôle des pigments photosynthétiques

Les pigments sont des molécules complexes dont la structure chimique permet une absorption de lumière. L'excitation du pigment par la lumière est à l'origine de la phase photochimique de la photosynthèse.

À l'aide des documents, montrer en quoi les pigments sont impliqués dans le déroulement de la photosynthèse.

DOC. 1. Chromatographie d'une feuille d'épinard

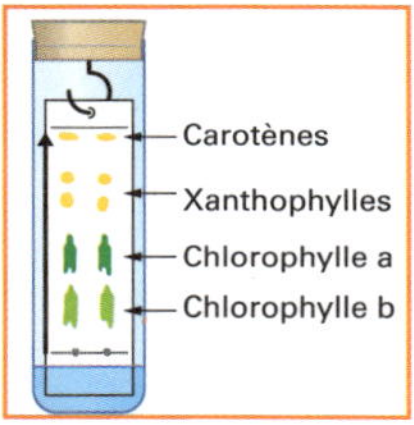

DOC. 2. Superposition du spectre d'action photosynthétique et des spectres d'absorption des pigments de l'épinard

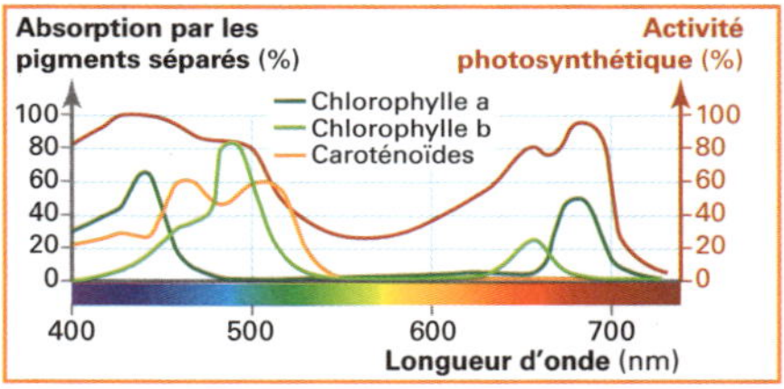

Conseils

Étape 1 Déterminer la composition pigmentaire de l'épinard au moyen du document 1.

Étape 2 Déterminer le spectre d'absorption des pigments de l'épinard au moyen du document 2.

Étape 3 Mettre en relation vos observations avec le spectre d'action photosynthétique et conclure.

SOLUTION

Étape 1 La feuille de l'épinard comporte en majorité des pigments verts (chlorophylles a et b) et quelques pigments jaune orange (carotènes, xantophylles).

Étape 2 Les longueurs d'onde absorbées par les pigments de la feuille d'épinard sont essentiellement situées entre 400 et 540 nm (violet-bleu-vert) et entre 650 et 700 nm (rouge).

Étape 3 Le spectre d'action photosynthétique se superpose au spectre d'absorption des pigments chlorophylliens de la feuille d'épinard. Les pigments de la feuille contribuent donc à la photosynthèse en absorbant des longueurs d'onde spécifiques.

Le devenir de la matière organique dans la plante

18

☐ OK

I Le stockage du glucose

- Le glucose issu de la photosynthèse est stocké temporairement dans les chloroplastes grâce à une enzyme spécifique, l'amidon synthase, qui catalyse l'assemblage des unités de glucose en une chaîne d'amidon.

Mot clé

Amidon : chaîne de glucoses constituant les réserves de la plante.

- Le glucose peut être mis en réserve sous forme d'amidon pour passer la mauvaise saison (tubercules de pomme de terre) ou dans des graines pour nourrir la jeune plante avant qu'elle soit autonome.

DOC. Structure, transport et stockage du glucose

a. Molécule d'amidon composée de *n* molécules de glucose.
b. Coloration des parois du xylème en rose et des parois du phloème en vert dans un vaisseau conducteur.
c. Cellule de pomme de terre et ses amyloplastes riches en amidon.

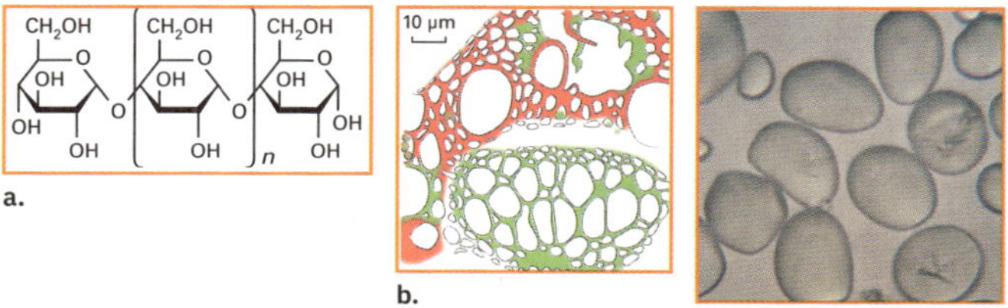

a. b. c.

II Le glucose et le développement de la plante

- Le glucose est utilisé par tous les organes de la plante qui ont besoin d'un substrat pour la respiration cellulaire. Il participe aussi à la formation de la cellulose et de la lignine qui structurent les parois des cellules végétales et participent ainsi à la rigidité de la plante.

- Les glucides servant aussi à l'élaboration des protéines ou des lipides de réserve, des tanins, substances toxiques pour les herbivores, ou des anthocyanes, des pigments impliqués dans l'attraction des insectes pollinisateurs.

Mots clés

- **Cellulose** : chaîne linéaire de glucoses composant les parois végétales.
- **Lignine** : molécule entrant, avec la cellulose, dans la composition du bois.

Méthode

Étudier l'activité métabolique résultant de la photosynthèse

En 1950, les Américains M. Calvin et A. Benson cultivent des chlorelles (algues unicellulaires) dans un milieu contenant du CO_2 radioactif, puis ils observent les molécules synthétisées.

Grâce à vos connaissances et au document, expliquer comment la plante maintient son activité métabolique à l'obscurité.

DOC. Séparation par chromatographie des molécules marquées extraites des chlorelles

Entouré en bleu : molécules extraites après 5 secondes de culture.
Entouré en rouge : molécules extraites après 1 minute de culture.

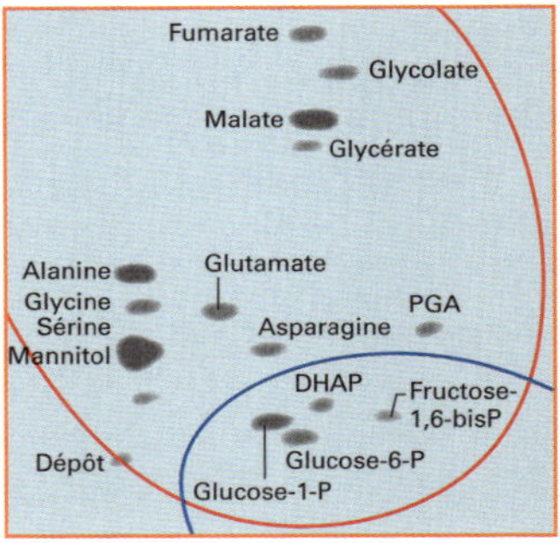

Conseils

Étape 1 Rappeler la molécule produite par photosynthèse et comment elle est stockée dans la plante.
Étape 2 Montrer que le glucose est à l'origine de la production de molécules nécessaires à l'activité métabolique des cellules.
Étape 3 Formuler une hypothèse permettant de répondre à la consigne.

SOLUTION

Étape 1 Le glucose est produit par photosynthèse, puis transformé en amidon par l'amidon synthase. L'amidon est stocké dans les chloroplastes ou dans des organes de réserve.
Étape 2 Au bout de 5 secondes, la chlorelle a essentiellement produit du glucose et du fructose. Au bout d'une minute, elle produit aussi des acides aminés (glutamate, asparagine…) et une plus grande diversité de sucres.
Étape 3 L'amidon stocké la journée dans les chloroplastes est dégradé la nuit pour produire les molécules nécessaires à la cellule.

Quiz EXPRESS

19

Avez-vous bien révisé les fiches 15 à 18 ? On vérifie !

1 L'adaptation de la plante à la vie fixée

FICHE 15

1. La plante est adaptée à la vie fixée, car ses feuilles :

- ☐ a. ont une grande surface d'exposition à la lumière
- ☐ b. absorbent davantage de sels minéraux que ses racines
- ☐ c. ont des stomates qui facilitent les échanges gazeux

2. L'organisation de la plante impose :

- ☐ a. l'absorption des nutriments uniquement au niveau des feuilles
- ☐ b. le transport des nutriments entre les racines et les feuilles
- ☐ c. l'existence de vaisseaux permettant le transport des nutriments

2 La plante, un développement localisé et contrôlé

FICHE 16

Le développement des plantes :

- ☐ a. est possible sans la présence des méristèmes
- ☐ b. est influencé par la lumière uniquement
- ☐ c. nécessite la différenciation de cellules pour l'organogenèse

3 La photosynthèse, métabolisme producteur de matière organique

FICHE 17

La photosynthèse est :

- ☐ a. réalisée dans les chloroplastes des cellules racinaires
- ☐ b. la dégradation du dioxygène en eau sous l'effet de la lumière
- ☐ c. un couplage entre une phase photochimique et chimique
- ☐ d. à l'origine de la production d'un sucre, le glucose

4 Le devenir de la matière organique dans la plante

FICHE 18

Le glucose produit par photosynthèse est :

- ☐ a. uniquement l'objet d'un stockage à long terme
- ☐ b. nécessaire à la production des parois cellulaires
- ☐ c. nécessaire à la synthèse des protéines et des lipides de la plante

CORRIGÉS

1 L'adaptation de la plante à la vie fixée

1. **Réponses a et c.** La plante est adaptée à la vie fixée, car ses feuilles ont une grande surface d'exposition à la lumière et elles ont des stomates qui facilitent les échanges gazeux.

La réponse **b** est incorrecte. Ce sont les racines qui absorbent les sels minéraux.

2. **Réponses b et c.** L'organisation de la plante impose le transport des nutriments entre les racines et les feuilles et l'existence de vaisseaux permettant ce transport.

La réponse **a** est incorrecte. Les nutriments nécessaires à la photosynthèse sont absorbés par les feuilles et par les racines.

2 La plante, un développement localisé et contrôlé

Réponse c. Le développement des plantes nécessite la différenciation de cellules qui conduit à l'organogenèse.

Les réponses **a** et **b** sont incorrectes. Les méristèmes sont indispensables au développement de la plante et de nombreux facteurs autres que la lumière interviennent.

3 La photosynthèse, métabolisme producteur de matière organique

Réponses c et d. La photosynthèse est un couplage entre une phase photochimique et chimique. Elle est à l'origine de la production d'un sucre, le glucose.

Les réponses **a** et **b** sont incorrectes. La photosynthèse se déroule dans les feuilles. Elle correspond à la photolyse de l'eau et au rejet de dioxygène sous l'effet de la lumière.

4 Le devenir de la matière organique dans la plante

Réponses b et c. Le glucose produit par photosynthèse est nécessaire à la production des parois cellulaires ainsi qu'à la synthèse des protéines et des lipides de la plante.

La réponse **a** est incorrecte. Le glucose est utilisé en permanence par toutes les cellules de la plante.

Deux modalités de reproduction

20

□ OK

I La reproduction asexuée chez les angiospermes

- Les plantes à fleurs peuvent se reproduire de manière asexuée, c'est-à-dire sans l'intervention de gamètes. Ce mode de reproduction repose sur la totipotence des cellules végétales et sur les capacités de croissance indéfinie des plantes.

Mot clé

Totipotence : propriété des cellules à se différencier en n'importe quel type de cellule spécialisée.

- Les cellules végétales faiblement différenciées peuvent en effet retrouver un état méristématique (dédifférenciation), se multiplier par mitose et redonner un plant complet à partir de presque n'importe quelle partie de la plante (tiges, racines, feuilles).
- Les plants fils sont ainsi génétiquement identiques au plant mère : il s'agit de clones.

II La fleur, organe de la reproduction sexuée

- La reproduction sexuée des angiospermes est assurée par la fleur. Celle-ci possède des pièces florales stériles (sépales et pétales) et des pièces fertiles : étamines et pistil.
- Les gamètes femelles, immobiles, sont situés au sein du pistil, dans les ovules. Les étamines sont le lieu de production des grains de pollen, vecteurs des gamètes mâles.

DOC. Organisation type d'une fleur d'angiosperme

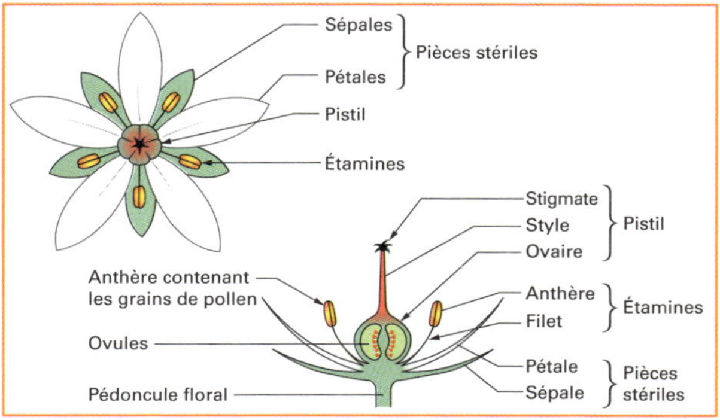

Méthode

Montrer la totipotence des cellules végétales

En 1958, le Britannique Frederick Campion Steward réalise une expérience à partir de fragments racinaires de carotte.

À l'aide du document, montrer la totipotence des cellules du phloème prélevées dans une racine de carotte.

DOC. Expérience de Steward

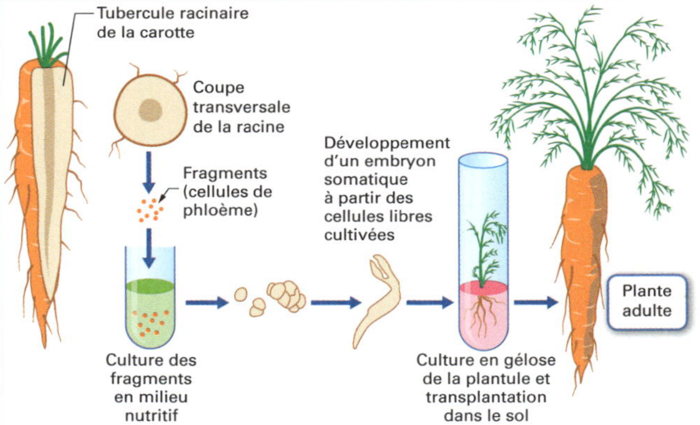

Conseils

Étape 1 Décrire l'expérience en soulignant le caractère différencié des cellules mises en culture.
Étape 2 Conclure à partir des résultats obtenus.

SOLUTION

Étape 1 Steward a mis en culture des cellules du phloème, différenciées, prélevées dans la racine d'une carotte. Ces cellules se sont multipliées dans un milieu nutritif et ont formé un embryon qui, cultivé en gélose, donne une plantule complète avec racines, tiges et feuilles.
Étape 2 Les cellules racinaires du phloème, une fois cultivées, ont la propriété de régénérer un plant complet. Elles sont bien totipotentes, capables après dédifférenciation de se différencier en tout type cellulaire.

La pollinisation chez les plantes à fleurs

21

☐ OK

I Autofécondation et fécondation croisée

- Le grain de pollen déposé sur le stigmate du pistil va acheminer les gamètes mâles vers les gamètes femelles contenus dans les ovules.
- Chez certaines plantes, la fécondation peut se réaliser entre gamètes d'une même fleur : c'est l'autofécondation. Il existe cependant des **mécanismes d'incompatibilité** rendant l'autofécondation impossible.
- Dans la plupart des cas, la fécondation est dite croisée (allofécondation) et implique la mobilité des grains de pollen d'une fleur à une autre.

DOC. La fécondation chez les angiospermes

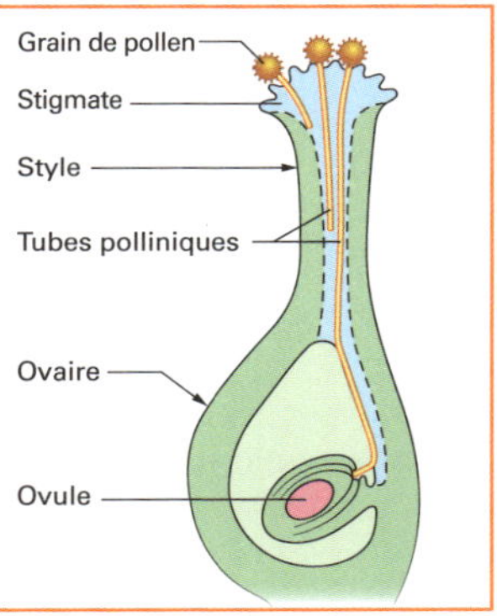

Mots clés

- **L'autofécondation** réunit deux gamètes d'un même génotype.
- **L'allofécondation** réunit des gamètes d'individus de génotypes différents.

II Les modalités de dispersion des grains de pollen

- La pollinisation repose en général sur une collaboration entre la plante et un animal pollinisateur (**zoogamie**), qui peut être un insecte (**entomogamie**).
- Le vent peut aussi être l'agent de transport des grains de pollen (**anémogamie**).
- La zoogamie est à l'origine de processus de **coévolution** qui caractérisent les plantes et leurs pollinisateurs. Les organismes impliqués dans cette **relation mutualiste** présentent des adaptations améliorant la prise en charge du pollen.

Méthode

Argumenter la coévolution plante-animal pollinisateur

La pollinisation de l'orchidée *Zaluzianskya microsiphon* est en général assurée par la mouche *Prosoeca ganglbaueri*. Cette dernière possède un organe de succion, le proboscis, qui lui permet d'accéder au nectar sucré situé au fond de la corolle. Lorsque la mouche introduit son proboscis dans la fleur, elle se charge de pollen.

À partir de l'analyse du document, déterminer les arguments en faveur de la coévolution entre *Z. microsiphon* et *P. ganglbaueri.*

DOC. Longueur du proboscis et profondeur des fleurs dans seize régions géographiques

Les points rouges correspondent aux mouches et orchidées d'une même région.

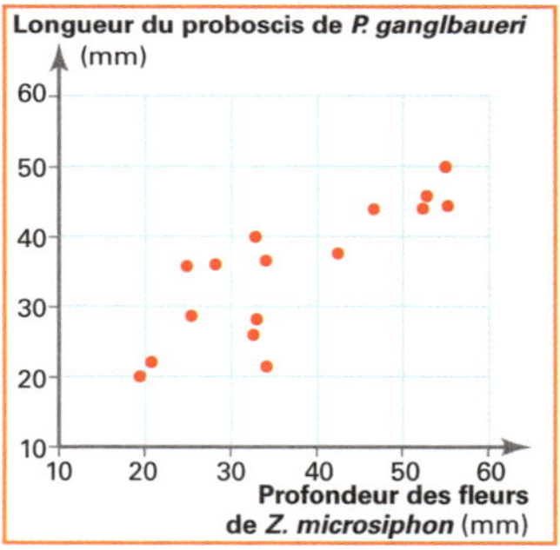

Conseils

Étape 1 Analyser le graphique afin d'établir une corrélation entre la longueur du proboscis de la mouche et la profondeur des fleurs de l'orchidée.

Étape 2 Identifier l'adaptation des deux partenaires selon la région.

Étape 3 Traduire ces données en processus de coévolution.

SOLUTION

Étape 1 La longueur du proboscis varie de 20 à 50 mm et les profondeurs des fleurs de 20 à 55 mm. Il existe une relation quasi linéaire entre la profondeur de la fleur et la longueur du proboscis. Dans chaque région, les longueurs sont soit équivalentes, soit proches.

Étape 2 Dans chaque région, les mouches ont un organe de succion suffisamment long et les fleurs sont suffisamment profondes pour que les mouches, en se nourrissant, se chargent de pollen.

Étape 3 La longueur de l'organe de succion des mouches a évolué conjointement avec la profondeur des fleurs. Chaque modification chez l'un des partenaires de la relation mutualiste a pour conséquence la sélection d'un caractère adapté chez l'autre. C'est un cas de coévolution.

La graine et sa dissémination

22

☐ OK

I La formation des graines et des fruits

- À l'issue de la fécondation, les ovules se transforment en graines. Celles-ci contiennent l'**embryon** d'une future plante protégé par une **enveloppe résistante**, le tégument. Les graines contiennent également des **réserves** accumulées après la fécondation, qui seront utilisées lors de la germination.
- Les graines sont contenues dans les fruits, qui résultent eux-mêmes d'une transformation de la fleur.

Mot clé

Germination : développement d'une nouvelle plante à partir d'une graine placée dans des conditions favorisant la reprise du métabolisme de l'embryon.

DOC. De la fleur au fruit : cas d'un fruit simple

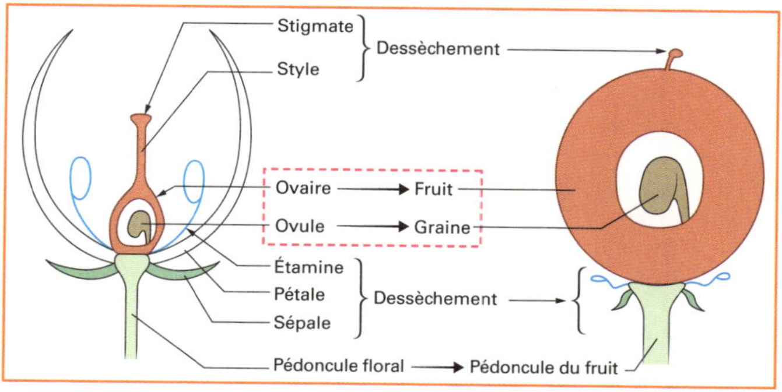

II La dissémination des graines

- La dissémination des graines est une étape de mobilité dans la reproduction de la plante. Elle peut être assurée par le vent (**anémochorie**), mais aussi par l'eau ou par tout autre agent physique de transport.
- Chez certaines espèces, la dissémination repose sur un mutualisme entre un animal disperseur et la plante (**zoochorie**). Des phénomènes de **coévolution** peuvent également se produire.
- Certaines plantes possèdent des dispositifs spécifiques de dissémination (fruits « explosifs », par exemple).

Méthode

Déterminer l'effet de l'endozoochorie sur la germination

La germination de graines du genévrier de Phénicie a été évaluée. Trois lots sont constitués : des graines témoins n'ayant subi aucun traitement, des graines scarifiées à l'aide de papier de verre afin d'altérer le tégument, des graines récoltées dans des déjections d'oiseaux. Toutes les graines ont ensuite été placées dans des conditions favorables à la germination.

DOC. Taux de germination des graines en fonction du temps

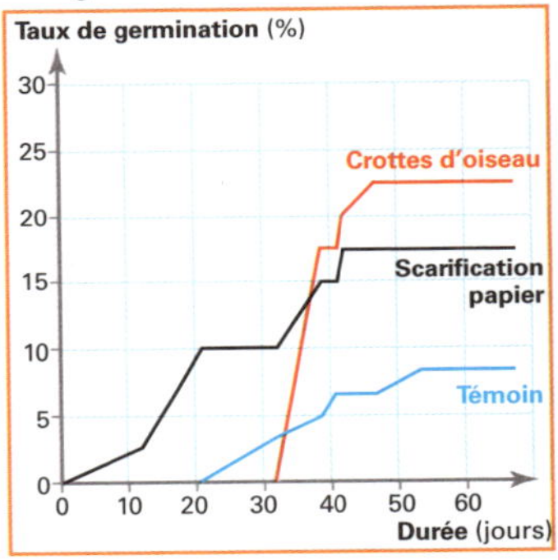

À partir de l'analyse du document, déterminer le rôle du tégument et l'effet du passage dans le tube digestif d'un oiseau (endozoochorie) sur la germination des graines.

Conseils

Étape 1 Analyser les courbes par rapport au lot témoin. Des calculs peuvent être judicieux.

Étape 2 Déduire le rôle du tégument à partir de l'expérience de scarification.

Étape 3 Conclure sur l'effet de l'endozoochorie.

SOLUTION

Étape 1 Le taux de germination passe de 0 % à 21 jours à 8 % au bout de 50 jours pour les graines du lot témoin. Pour les graines scarifiées, il est de 17,5 % au 50e jour, soit multiplié par 2,2. Pour les graines retrouvées dans des déjections d'oiseaux, le taux est de 22,5 % par rapport au lot témoin, soit multiplié par 3,1.

Étape 2 La scarification augmente la proportion de graines germées. Le tégument semble donc empêcher la germination lorsqu'il est inaltéré.

Étape 3 Le taux de germination des graines retrouvées dans les déjections d'oiseaux est le plus élevé. Le passage dans le tube digestif de l'oiseau doit altérer davantage le tégument qu'une simple scarification, ce qui accroît les capacités de germination.

Quiz EXPRESS

23

Avez-vous bien révisé les fiches 20 à 22 ? On vérifie !

1 Deux modalités de reproduction

FICHE 20

1. La reproduction asexuée des angiospermes :

- ☐ **a.** dépend de la formation de gamètes unis par fécondation
- ☐ **b.** fait intervenir la fleur
- ☐ **c.** repose sur la totipotence des cellules végétales
- ☐ **d.** aboutit à la formation de clones du plant mère

2. Les étamines :

- ☐ **a.** sont les pièces fertiles de la fleur
- ☐ **b.** sont des pièces stériles de la fleur
- ☐ **c.** composent le pistil
- ☐ **d.** produisent les grains de pollen

2 La pollinisation chez les plantes à fleurs

FICHE 21

Lors de la fécondation chez les angiospermes :

- ☐ **a.** l'autofécondation est souvent impossible à cause de mécanismes d'incompatibilité
- ☐ **b.** l'allofécondation implique une mobilité des gamètes femelles
- ☐ **c.** l'allofécondation implique une mobilité des gamètes mâles
- ☐ **d.** la formation d'un embryon se déroule dans le style

3 La graine et sa dissémination

FICHE 22

1. La graine des plantes à fleur :

☐ **a.** dérive de l'ovule ☐ **b.** dérive de l'ovaire

2. La zoogamie :

- ☐ **a.** qualifie le transport des graines par les animaux
- ☐ **b.** qualifie la consommation de fruits par les animaux
- ☐ **c.** qualifie le transport des grains de pollen par les animaux
- ☐ **d.** se traduit par une évolution conjointe des plantes et des animaux

CORRIGÉS

1 Deux modalités de reproduction

1. **Réponses c et d.** La reproduction asexuée des angiospermes repose sur la totipotence des cellules végétales et aboutit à la formation de clones du plant mère.

Les réponses **a** et **b** sont incorrectes. La formation de gamètes et la fécondation sont des processus de la reproduction sexuée. La fleur est l'organe de la reproduction sexuée.

2. **Réponse d.** Les étamines produisent les grains de pollen.

Les réponses **a**, **b** et **c** sont incorrectes. Les étamines ne sont pas les seules pièces fertiles de la fleur. Ce sont les pièces mâles, le pistil est la partie femelle.

2 La pollinisation chez les plantes à fleurs

Réponses a et c. Lors de la fécondation chez les angiospermes, l'autofécondation est souvent impossible, en raison de mécanismes d'incompatibilités. L'allofécondation implique une mobilité des gamètes mâles.

Les réponses **b** et **d** sont incorrectes. Les gamètes femelles sont immobiles au sein du pistil et l'embryon, après fécondation, se formera dans l'ovule.

3 La graine et sa dissémination

1. **Réponse a.** La graine des plantes à fleurs dérive de l'ovule.

La réponse **b** est incorrecte. L'ovaire participe à la formation du fruit.

2. **Réponses c et d.** La zoogamie désigne le transport des grains de pollen par les animaux. Elle peut conduire à une coévolution des plantes et des animaux.

Les réponses **a** et **b** sont incorrectes. Le transport des graines par les animaux est appelé zoochorie. Les animaux consommant des fruits sont qualifiés de frugivores.

Les processus de la domestication des plantes

24

☐ OK

I Des plantes sauvages aux plantes cultivées

- La comparaison de plantes cultivées et de leur « ancêtre » sauvage met en évidence un ensemble de caractères normalement défavorables en milieu naturel : c'est le **syndrome de la domestication**.

DOC. Comparaison de la téosinte et du maïs

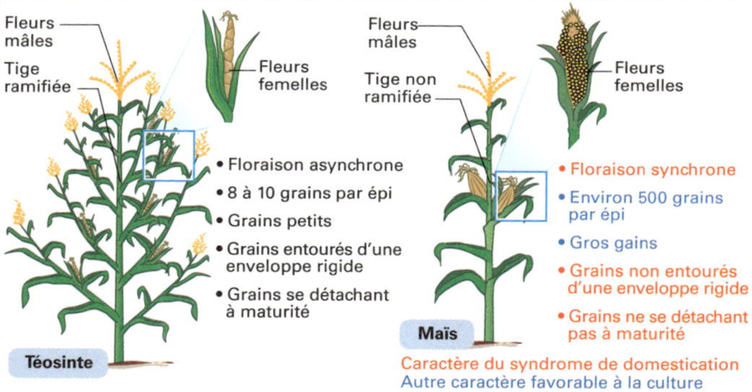

- La domestication a commencé par la sélection massale. Cette **sélection artificielle** de caractères d'intérêt agronomique a rendu la reproduction des plantes totalement dépendante de l'action humaine. Une relation **mutualiste** s'est ainsi établie entre l'homme et les plantes cultivées.

> **Mot clé**
>
> **Sélection massale** : méthode consistant à choisir les graines des meilleures plantes pour les utiliser comme semence.

II La création variétale moderne

- Depuis le XXe siècle, les progrès de la génétique permettent l'obtention de plus en plus rapide de nouvelles **variétés** végétales.
- Par autofécondation puis croisement, des lignées **pures** puis des variétés hybrides ont été mises au point. Depuis les années 1980, les biotechnologies et notamment la **transgenèse** autorisent des modifications ciblées des plantes.
- La production de **semences** est une activité économique spécialisée.

Méthode

Calculer le nombre de gènes impliqués dans la domestication

Vers 1970, George Beadle réalise des croisements entre des plants de maïs et de téosinte pour déterminer l'origine des différences morphologiques.

À partir du document, déterminer le nombre de gènes impliqués dans la différence phénotypique des deux plantes.

DOC. Les croisements réalisés par George Beadle

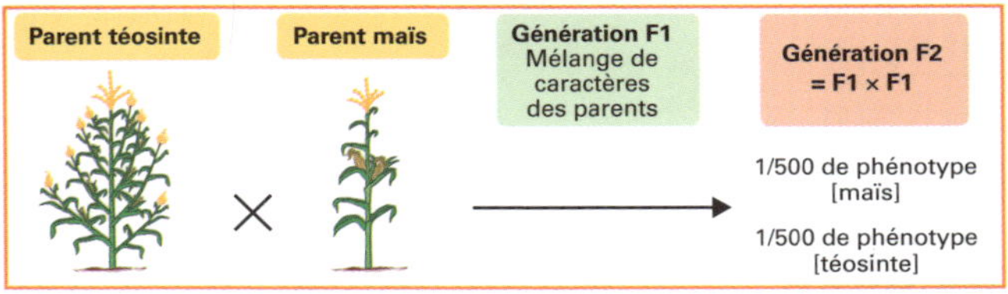

Conseils

Étape 1 Pour un gène, déterminer le génotype des parents et de la génération F1. Indiquer que la probabilité d'obtenir le phénotype [maïs] ou [téosinte] dans la génération F2 est égale à 1/4.
Étape 2 En considérant x gènes indépendants, indiquer que la probabilité d'obtenir le phénotype [maïs] ou [téosinte] dans la génération F2 est de $(1/4)^x$.
Étape 3 Déterminer x et conclure.

SOLUTION

Étape 1 Pour un gène à deux allèles, le génotype du maïs peut s'écrire (m//m) et celui de la téosinte (t//t). Les individus de la génération F1 de phénotype intermédiaire sont donc hétérozygotes (m//t) et produisent deux types de gamètes. La probabilité d'obtenir (m//m) ou (t//t) en F2 est donc $P = 1/4$.
Étape 2 Pour deux gènes indépendants, la génération F1 produit quatre types de gamètes dans des proportions de 1/4.
Donc $P = (1/4)^2 = 1/16$ individus de la génération F2 auront le phénotype [maïs] ou [téosinte]. Pour trois gènes, $P = 1/64$; pour quatre gènes, $P = 1/256$; pour cinq gènes, $P = 1/1\,024$.
Étape 3 Comme la génération F2 présente 1/500 individus de chaque phénotype, quatre ou cinq gènes sont impliqués dans la différence phénotypique entre le maïs et la téosinte.

Les conséquences de la domestication des plantes

25

☐ OK

I La diversité des plantes cultivées

- Les espèces cultivées présentent des variétés résultant de mutations aléatoires, qui ont été retenues ou non par une sélection artificielle, différente selon les régions du monde. Ainsi ont été produites les variétés populations ou variétés paysannes.
- La sélection s'est également accompagnée d'un appauvrissement global de la diversité allélique des plantes domestiquées.

DOC. Évolution de la diversité variétale et génétique des blés en France

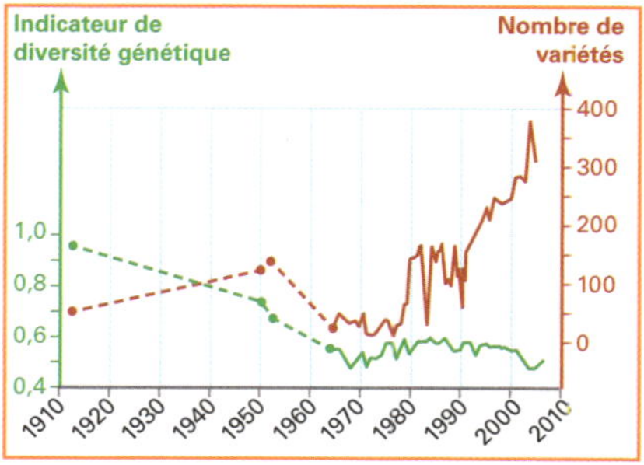

- La perte de certaines caractéristiques des plantes sauvages, par exemple de défenses, couplée à l'extension de leur culture favorise le développement de maladies infectieuses végétales. Ces fragilités sont compensées par des pratiques culturales adaptées (apport de pesticides, entre autres).
- L'exploitation des ressources génétiques, historiques ou sauvages, permet d'envisager de nouvelles méthodes de culture et de s'affranchir de l'apport d'un certain nombre d'intrants.

II L'influence de la domestication sur l'humanité

La domestication de plantes a contribué à la sélection de caractères génétiques spécifiques dans les populations humaines. Par exemple, l'apport d'amidon dans le régime alimentaire s'est accompagné d'une production accrue d'amylase salivaire dans certaines populations.

Méthode

Relier diversité et sensibilité des cultures

En 1846, en Irlande, l'anéantissement des cultures de pommes de terre par le mildiou a entraîné une famine conduisant à la mort d'un million de personnes. De nombreux exemples de destruction massive de cultures par des agents pathogènes sont attribués à l'homogénéité génétique des plants.

À partir de l'analyse du document, montrer que la biodiversité cultivée impacte la sensibilité des cultures aux pathogènes.

DOC. Pourcentage de plants malades en fonction du nombre de variétés

Dans la région de Mei Tan, en Chine, les chercheurs ont relevé le nombre de variétés de riz cultivées par 60 familles de paysans et noté la proportion de plants malades.

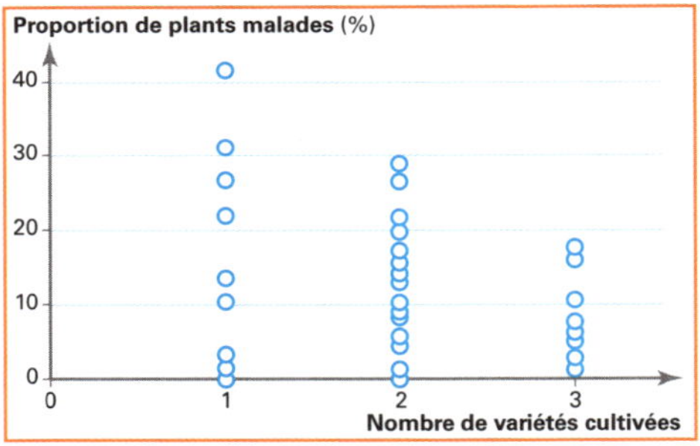

Conseils

Étape 1 Analyser le graphique en réalisant une moyenne des points expérimentaux et en décrivant les valeurs maximales.
Étape 2 Conclure sur l'effet de la biodiversité.

SOLUTION

Étape 1 Le pourcentage de plants de riz malades est en moyenne de 20 % lorsqu'une seule variété de riz est cultivée, de 15 % lorsqu'il y en a deux et de 10 % lorsqu'il y en a trois. Le pourcentage maximal de plants malades passe de 41 % pour les cultures ne comportant qu'une seule variété à 18 % pour les cultures associant trois variétés.
Étape 2 L'augmentation de la biodiversité cultivée réduit le nombre de plants affectés par des maladies. La culture de plusieurs variétés associées limite leur sensibilité aux pathogènes.

Quiz EXPRESS 26

Avez-vous bien révisé les fiches 24 et 25 ? On vérifie !

1 Les processus de la domestication des plantes

▶ FICHE 24

1. La sélection massale :

☐ **a.** provoque la disparition des variétés sauvages

☐ **b.** retient souvent des caractères qui ne sont pas favorables à l'état sauvage

☐ **c.** permet l'obtention de lignées pures

☐ **d.** nécessite l'utilisation de pesticides

2. L'hybridation de plantes nécessite de réaliser :

☐ **a.** une fécondation croisée ☐ **b.** une autofécondation

☐ **c.** une transgenèse ☐ **d.** une multiplication asexuée

3. Les plantes OGM sont le résultat de :

☐ **a.** mutations d'espèces cultivées

☐ **b.** l'hybridation d'espèces cultivées

☐ **c.** techniques du génie génétique

☐ **d.** sélections variétales

2 Les conséquences de la domestication

▶ FICHES 24 ET 25

1. Parmi ces caractères, lesquels peuvent appartenir à un syndrome de domestication :

☐ **a.** une dissémination favorisée

☐ **b.** une fructification synchrone

☐ **c.** des graines protégées par des téguments rigides

☐ **d.** des graines riches en réserves

2. La domestication des plantes a conduit à :

☐ **a.** une augmentation de la diversité des plantes cultivées

☐ **b.** la sélection de plantes résistant aux pathogènes, il n'y a aujourd'hui plus de risque pour la sécurité alimentaire

☐ **c.** augmenter leur influence sur le patrimoine génétique humain

☐ **d.** rendre les plantes cultivées dépendantes de l'action de l'homme

CORRIGÉS

1 Les processus de la domestication des plantes

1. **Réponse b.** La sélection massale retient souvent des caractères qui ne sont pas favorables à l'état sauvage.

Les réponses **a**, **b** et **d** sont incorrectes. La sélection massale s'opère sur des variétés sauvages, sans entraîner leur disparition. L'obtention de lignées pures a été réalisée plus tardivement. Les pesticides ne jouent pas de rôle dans la sélection.

2. **Réponse a.** L'hybridation de plantes nécessite de réaliser une fécondation croisée.

Les réponses **b**, **c** et **d** sont incorrectes. L'autofécondation est la fécondation de gamètes d'un même plant. La transgenèse consiste à intégrer un gène (ou plusieurs) d'une espèce dans le génome d'une autre ; il ne s'agit pas de réunir deux génomes. La multiplication asexuée aboutit à l'obtention de clones.

3. **Réponse c.** Les plantes OGM sont le résultat de techniques de génie génétique.

Les réponses **a, b** et **d** sont incorrectes. Les mutations sont aléatoires, les hybrides combinent les génomes des espèces parentales, mais ne sont pas génétiquement modifiés. La sélection variétale intervient après des croisements.

2 Les conséquences de la domestication

1. **Réponses b et d.** Les caractères pouvant appartenir à un syndrome de domestication sont une fructification synchrone et des graines riches en réserves.

Les réponses **a** et **c** sont incorrectes. La dissémination favorisée est un caractère de plantes sauvages. La domestication a retenu des graines peu protégées.

2. **Réponses c et d.** La domestication des plantes a conduit à augmenter leur influence sur le patrimoine génétique humain et à rendre les plantes cultivées dépendantes de l'action de l'homme.

Les réponses **a** et **b** sont incorrectes. La diversité génétique s'est réduite lors de la domestication. La recherche de plantes résistantes aux pathogènes reste d'actualité.

Les variations climatiques du Quaternaire

27

☐ OK

I | Une alternance de périodes glaciaires et interglaciaires

- Les données préhistoriques, géologiques et paléo-écologiques attestent d'une période glaciaire entre –120 000 et –11 000 ans.
- Cette glaciation est confirmée par la mesure de rapports isotopiques de l'oxygène dans les calottes polaires et les sédiments océaniques. En effet, plus il fait froid, plus l'eau contenant de l'oxygène 18 (^{18}O) s'évapore difficilement, comparée à l'eau composée d'oxygène 16 (^{16}O). La glace formée à partir des précipitations s'appauvrit donc en ^{18}O ($\delta^{18}O$ plus faible) en période froide.

À l'inverse, l'eau des océans s'enrichit en ^{18}O en période froide : les coquilles des animaux marins ont donc un $\delta^{18}O$ plus élevé.

- Au Quaternaire, ces données font apparaître une alternance de périodes glaciaires et interglaciaires durant les derniers 800 000 ans.

Mots clés

- **$\delta^{18}O$** : rapport entre le $^{18}O/^{16}O$ mesuré et celui de référence (en général celui de l'océan actuel), exprimé en ‰.
- **Quaternaire** : dernière période du Cénozoïque, débutant il y a 2,58 Ma.

II | Le rôle des paramètres orbitaux terrestres

- Les variations des rapports isotopiques de l'oxygène coïncident avec les variations de l'orbite terrestre décrits par les cycles de Milankovitch.
- Ces variations des paramètres orbitaux ont modifié la puissance solaire reçue par la Terre. Elles sont à l'origine de l'entrée ou de la sortie d'une glaciation.

DOC. Les cycles de Milankovitch

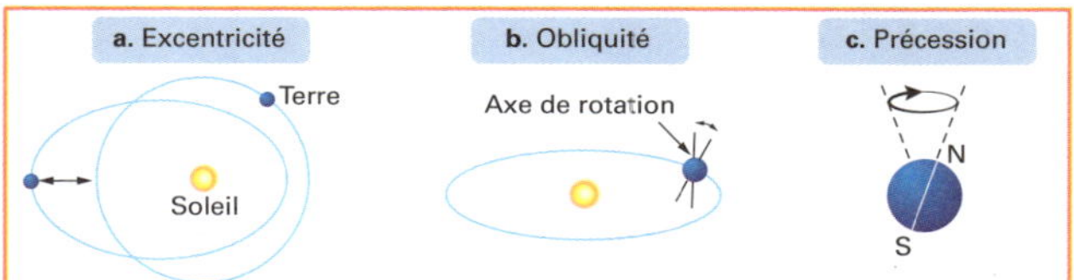

Cycles de 100 000 ans entre l'orbite elliptique et l'orbite quasi circulaire

Cycles de 41 000 ans : l'inclinaison passe de 24,5° à 22,5°

Cycles de 19 000 et 23 000 ans

Méthode

Corréler variations climatiques et cycles de Milankovitch

Les glaciations du Quaternaire s'expliquent par l'astronomie.

Montrer que les variations des paramètres orbitaux expliquent les périodes glaciaires de ces 600 000 dernières années.

DOC. Volume des glaces et paramètres orbitaux

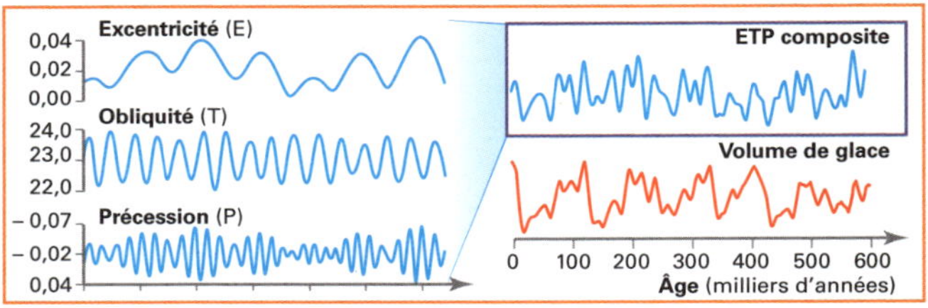

Conseils

Étape 1 Repérer les cycles des différents paramètres.
Étape 2 Expliquer le lien entre paramètre orbital et climat global.
Étape 3 Établir les corrélations à partir des cycles de longue période.

SOLUTION

Étape 1 En 600 000 ans, on repère 6 cycles pour l'excentricité, soit une période de 100 000 ans ; 14 cycles pour l'obliquité, soit 43 000 ans, et 27 cycles pour la précession, soit 22 000 ans.

Étape 2 Quand la Terre s'éloigne du Soleil (excentricité croissante), le climat mondial se refroidit, d'où l'entrée en glaciation. De même, une obliquité élevée augmente le contraste entre les saisons, favorisant la glaciation. La précession entraîne un décalage progressif entre les saisons et la position de la Terre sur son orbite : aujourd'hui, l'été boréal a lieu alors que la distance Terre-Soleil est élevée, ce qui réduit le contraste entre les saisons dans l'hémisphère Nord.

Étape 3 On observe que la courbe de l'évolution du volume des glaces se superpose quasiment à la courbe de la résultante des trois paramètres orbitaux. Ainsi, on retrouve tous les 110 à 120 000 ans une période avec un faible volume de glace (période interglaciaire) lié à une excentricité et une obliquité faibles. Au sein de la dernière phase glaciaire, on observe 4 ou 5 cycles correspondant globalement aux cycles de 22 000 ans de la précession des équinoxes.

Le refroidissement du Cénozoïque

28

☐ OK

I Un refroidissement au cours du Cénozoïque

- Les indices géochimiques ($\delta^{18}O$) des sédiments marins révèlent, par principe d'actualisme, une baisse globale de la température depuis l'Éocène.

Mot clé

Principe d'actualisme : postule que les processus à l'œuvre aujourd'hui sont les mêmes qu'autrefois.

- Simultanément, la teneur atmosphérique en CO_2 diminue en raison de l'érosion des reliefs (Alpes, Himalaya...), ce qui expliquerait le refroidissement.
- Enfin, il y a 30 millions d'années, la tectonique des plaques a isolé l'Antarctique, entraînant ainsi sa glaciation, d'où une hausse de l'albédo (fraction de la lumière réfléchie ou diffusée) terrestre.

DOC. Refroidissement et baisse du $\delta^{18}O$ des sédiments marins

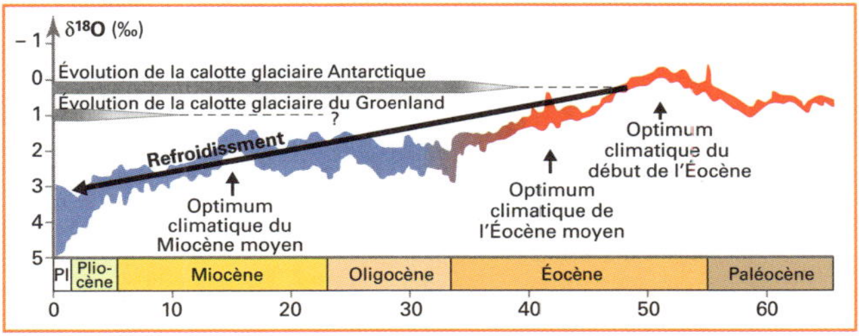

II Rôle des boucles de rétroaction

- Une boucle de rétroaction apparaît lorsqu'une petite variation d'un paramètre entraîne *in fine* une variation importante dans le même sens (rétroaction positive) ou dans le sens opposé (rétroaction négative).
- L'albédo intervient dans une boucle de rétroaction positive. Si la température diminue, la surface occupée par les glaces augmente et l'albédo aussi, entraînant une diminution encore plus rapide de la température.
- De même, la solubilité du CO_2 dans les océans diminue avec la température. Une hausse de la température réduit la capacité de l'océan à absorber le CO_2 atmosphérique, ce qui favorise le réchauffement.
- Ces rétroactions explique le passage rapide entre période glaciaire et interglaciaire.

Méthode

Interpréter les variations des rapports isotopiques

Le climat du Quaternaire a connu de nombreuses variations, avec de forts épisodes glaciaires et interglaciaires.

À l'aide du document, déterminer les périodes glaciaires et interglaciaire du Quaternaire.

DOC. Variations du $\delta^{18}O$ depuis 400 000 ans

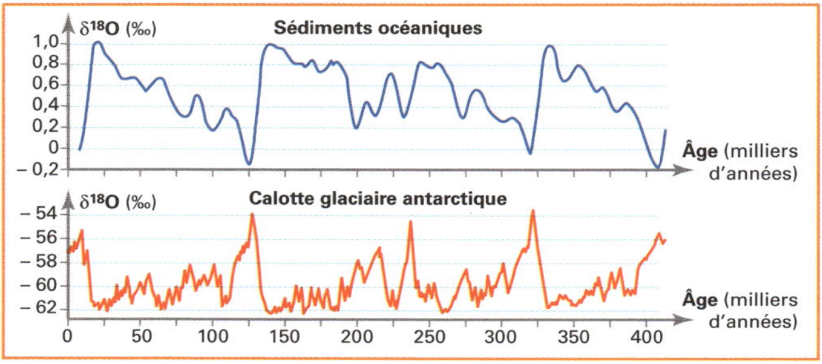

Conseils

Étape 1 Repérer où ont été mesurés les rapports et indiquer comment varie ce paramètre dans la glace et les océans.
Étape 2 Rappeler le lien existant entre température globale et $\delta^{18}O$.
Étape 3 Reconstituer les grandes variations du climat en repérant les périodes glaciaires et interglaciaires.

SOLUTION

Étape 1 Le document présente le $\delta^{18}O$ des océans (en haut) et des glaces (en bas). Le $\delta^{18}O$ des glaces et des océans varie de façon opposée : un $\delta^{18}O$ des glaces faible correspond à un $\delta^{18}O$ des océans élevé, donc une période froide.

Étape 2 En période chaude, le $\delta^{18}O$ dans la glace est plus élevé (« moins négatif ») qu'en période froide. Dans les sédiments océaniques, au contraire, le $\delta^{18}O$ est plus élevé en période froide qu'en période chaude.

Étape 3 On repère trois ou quatre périodes de glaciations successives :
- de – 10 000 à – 115 000 ans ;
- de – 130 000 à – 325 000 ans, avec un climat doux vers – 220 000 ans ;
- avant – 340 000 ans, avec une phase douce vers – 440 000 ans.

Les climats extrêmes du passé

29

☐ OK

I La Terre « chaude » du Mésozoïque

- Au Mésozoïque (notamment au Crétacé, de – 146 à – 66 Ma), la présence de **charbon** à proximité des pôles de l'époque révèle un climat globalement plus chaud (d'environ 3 °C) qu'aujourd'hui.
- Ceci s'explique principalement par la tectonique des plaques : le continent unique, la **Pangée**, commence à se fracturer dès le Permo-Trias. Le CO_2 libéré par l'activité volcanique des dorsales s'accumule dans l'atmosphère, d'où le réchauffement ; par ailleurs, l'absence de reliefs à éroder limite sa consommation.

II Les grandes glaciations du Paléozoïque

- La découverte de traces glaciaires sur de nombreux continents révèle l'existence d'une vaste glaciation au **Permo-Carbonifère**.
- Au Carbonifère, les continents achèvent de se réunir pour former la Pangée. Les collisions continentales entraînent l'édification de la **chaîne varisque**. Son altération aurait entraîné une baisse importante de la teneur en CO_2 de l'atmosphère.
- Au Carbonifère se développent de vastes forêts piégeant le CO_2 atmosphérique. Le bois qui a sédimenté sur place sans être consommé est à l'origine des **gisements de charbon** (puits à CO_2). L'arrêt de la formation des charbons à la fin du Carbonifère semble corrélé avec le développement de champignons capables de dégrader la lignine.
- On explique ainsi la glaciation permo-carbonifère par la modification du cycle géochimique du carbone, liée à l'altération de la chaîne varisque et à la fossilisation importante de matière organique.

DOC. La Terre lors de la glaciation du Carbonifère (– 300 Ma)

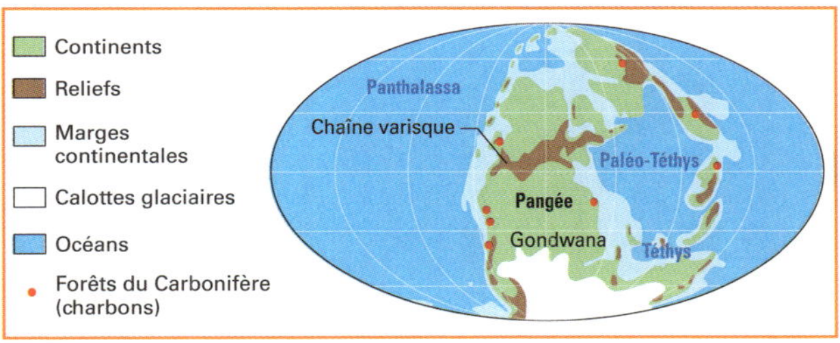

Méthode

Exploiter des équations chimiques pour modéliser le climat

Au Carbonifère se met en place la chaîne varisque, d'ampleur comparable à l'Himalaya actuel, ainsi qu'une vaste glaciation.

Montrer que l'érosion de la chaîne varisque peut expliquer la glaciation permo-carbonifère.

DOC. Des équilibres régissant l'altération et la précipitation

Dans les chaînes de montagnes, les affleurements présentent généralement davantage de roches magmatiques que dans les zones de plaine. Ces roches peuvent posséder des minéraux tels que des feldspaths ou des pyroxènes, qui s'altèrent suivant les réactions suivantes :

Altération d'un **feldspath calcique** :

$$CaAl_2Si_2O_8 + 3\ H_2O + 2\ CO_2 \rightarrow 2\ HCO_3^- + Ca^{2+} + Al_2Si_2O_5(OH)_4 \quad (1)$$

Altération d'un **pyroxène calcique** :

$$CaSiO_3 + H_2O + 2\ CO_2 \rightarrow SiO_2 + Ca^{2+} + 2\ HCO_3^- \quad (2)$$

Les produits d'érosion (sous la forme d'ions solubles Ca^{2+} et HCO_3^-) seront transportés jusqu'aux océans où ils seront mobilisés pour former de nouvelles roches calcaires, selon l'équation :

$$2\ HCO_3^- + Ca^{2+} \rightarrow CaCO_3 + CO_2 + H_2O \quad (3)$$

Conseils

Étape 1 Repérer les actions du CO_2 et le nombre de moles impliquées.
Étape 2 Faire le bilan complet entre altération et précipitation.
Étape 3 Conclure en rappelant le rôle du CO_2 dans l'effet de serre.

SOLUTION

Étape 1 Il faut deux moles de CO_2 pour altérer une mole de feldspath ou de pyroxène calciques. Cela libère deux moles d'HCO_3^- et une mole d'ion Ca^{2+}, qui peuvent précipiter sous forme de calcite et libérer une mole de CO_2.

Étape 2 Le bilan pour le CO_2 de l'altération d'un feldspath (1) ou d'un pyroxène (2) calciques, puis de la précipitation des produits de l'érosion (3) consomme une mole de CO_2 par mole de minéral altéré.

Étape 3 Ainsi l'altération des roches magmatiques, exposées lors de la formation de reliefs, puis la précipitation des produits de l'érosion consomme du CO_2 atmosphérique. La formation d'un relief comme l'orogenèse varisque peut donc conduire à une baisse de la concentration en CO_2 atmosphérique, d'où une entrée en glaciation, le CO_2 étant l'un des principaux gaz à effet de serre.

Quiz EXPRESS 30

Avez-vous bien révisé les fiches 27 à 29 ? On vérifie !

1 Les variations climatiques du Quaternaire

▶ FICHE 27

1. Une période plus froide possède un $\delta^{18}O$:

- ☐ a. plus faible dans les glaces
- ☐ b. plus élevé dans les glaces
- ☐ c. plus faible dans les sédiments océaniques
- ☐ d. plus élevé dans les sédiments océaniques

2. Les paramètres astronomiques expliquant les variations cycliques du climat sont :

- ☐ a. les variations de l'excentricité
- ☐ b. la durée de révolution de la Terre autour du Soleil
- ☐ c. la position de la Lune par rapport à la Terre
- ☐ d. les variations de l'inclinaison de l'axe de rotation de la Terre

2 Le refroidissement du Cénozoïque

▶ FICHE 28

Un réchauffement peut s'auto-amplifier, car :

- ☐ a. la fonte des glaces augmente l'albédo
- ☐ b. la fonte des glaces diminue l'albédo
- ☐ c. lorsqu'ils se réchauffent, les océans libèrent davantage de CO_2
- ☐ d. lorsqu'ils se réchauffent, les océans stockent davantage de CO_2

3 Les climats extrêmes du passé

▶ FICHE 29

1. La tectonique des plaques influence indirectement le climat, car :

- ☐ a. l'érosion des montagnes consomme du CO_2
- ☐ b. l'érosion des montagnes libère du CO_2
- ☐ c. les dorsales océaniques consomment du CO_2
- ☐ d. les dorsales océaniques libèrent du CO_2

2. Les grandes forêts sombres influencent le climat, car elles :

- ☐ a. consomment beaucoup de CO_2 par photosynthèse
- ☐ b. libèrent beaucoup de CO_2 par photosynthèse
- ☐ c. augmentent l'albédo, donc favorisent le réchauffement
- ☐ d. diminuent l'albédo, donc favorisent le réchauffement

CORRIGÉS

1 Les variations climatiques du Quaternaire

1. **Réponses a et d.** Une période plus froide possède un $\delta^{18}O$ plus faible dans les glaces et plus élevé dans les sédiments océaniques.

Les réponses **b** et **c** sont incorrectes ; elles proposent le contraire.

2. **Réponses a et d.** Les paramètres astronomiques expliquant les variations cycliques du climat sont les variations de l'excentricité et les variations d'inclinaison de l'axe de rotation terrestre.

Le réponses **b** et **c** sont incorrectes. La durée de révolution de la Terre autour du Soleil n'a pas d'effet sur le climat. La position de la Lune explique les marées mais n'a pas d'effet sur le climat.

2 Le refroidissement du Cénozoïque

Réponses b et c. Un réchauffement peut s'auto-amplifier, car la fonte des glaces diminue l'albédo ; lorsqu'ils se réchauffent, les océans libèrent davantage de CO_2.

Les réponses **a** et **d** sont incorrectes ; elles proposent le contraire.

3 Les climats extrêmes du passé

1. **Réponses a et d.** La tectonique des plaques influence indirectement le climat, car l'érosion des montagnes consomme du CO_2 et les dorsales océaniques en libèrent de grandes quantités.

Les réponses **b** et **c** sont incorrectes ; elles proposent le contraire.

2. **Réponses a et c.** Les grandes forêts sombres influencent le climat, car elles consomment beaucoup de CO_2 par photosynthèse et augmentent l'albédo, donc favorisent le réchauffement.

Les réponses **b** et **d** sont incorrectes ; elles proposent le contraire.

Le consensus sur le réchauffement climatique

31

☐ OK

I L'établissement d'un consensus scientifique

- Les données climatiques relevées depuis le XIXe siècle montrent une élévation de la température mondiale d'environ 1 °C en 150 ans. Ce réchauffement est lié à une hausse importante de la teneur atmosphérique en CO_2 libéré par les activités humaines : la combustion des gisements carbonés, à la base de nombreuses activités modernes, est aujourd'hui la source principale de CO_2 atmosphérique.

DOC. Évolution de la température à l'échelle mondiale

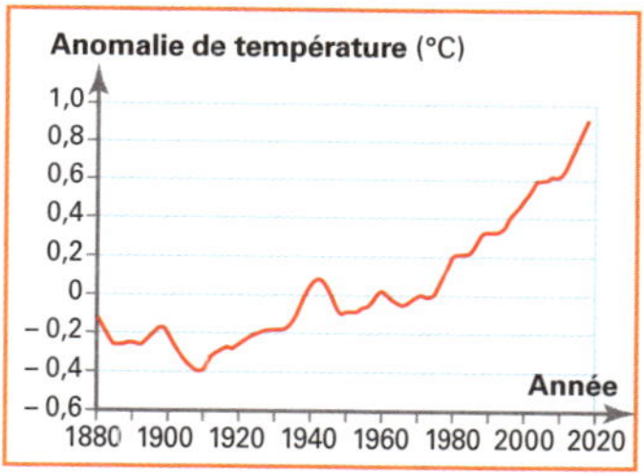

- L'ONU a créé en 1988 le Giec et, depuis, un effort de recherche a permis d'élaborer un modèle du changement climatique, de ses causes et conséquences, et de définir les actions à mener pour y faire face.

Mot clé

Giec : Groupe d'experts intergouvernemental sur l'évolution du climat.

II Conséquences biologiques possibles

- En dehors des effets physiques (fonte des glaces, etc.), le réchauffement climatique a des impacts sur la biodiversité et la santé humaine.
- Il peut modifier les effectifs des différentes populations sauvages, leur état sanitaire ou leur répartition géographique. Ainsi, si certaines espèces peuvent se déplacer pour chercher ailleurs de meilleures conditions, d'autres voient leurs populations décroître et pourraient être amenées à disparaître. Ces modifications perturbent tous les écosystèmes, mettant en danger des espèces qui ne sont pas directement impactées par le réchauffement climatique.
- Ces effets sont souvent difficiles à quantifier. Ainsi, l'augmentation de la concentration en CO_2 atmosphérique favorise la photosynthèse, donc la production de biomasse et les rendements agricoles. Mais le réchauffement climatique rend aussi les terres agricoles moins disponibles du fait de la montée du niveau marin ainsi que de la pénurie d'eau douce.

Méthode

Analyser un suivi de la répartition des espèces

Vecteur de nombreuses maladies (dengue, chikungunya...), le développement du moustique tigre est un problème de santé publique.

Montrer comment la répartition du moustique tigre en France évolue parallèlement au réchauffement climatique.

DOC. Évolution de l'aire de répartition du moustique tigre *Aedes albopictus*

Venant d'Asie, le moustique tigre résiste à des températures plus froides que les autres espèces tropicales. Ses œufs, qui peuvent survivre pendant des mois en milieu sec, donnent un adulte en 10 jours à 20 °C, contre 6 jours seulement à 28 °C.

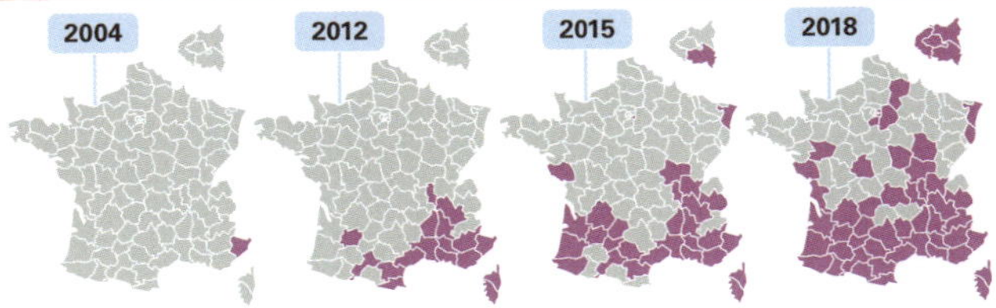

Conseils

Étape 1 Retracer l'évolution de l'expansion du moustique tigre.
Étape 2 Relever les effets possibles de la température sur les populations.
Étape 3 Conclure en distinguant bien corrélation et causalité.

SOLUTION

Étape 1 En 2004, le moustique tigre est cantonné aux Alpes-Maritimes. Il migre ensuite vers l'ouest et le nord : il semble suivre les vallées du Rhône et de la Garonne, puis atteint la région parisienne en 2018. Il est présent aujourd'hui sur plus de la moitié du territoire.

Étape 2 Le réchauffement climatique pourrait avoir deux conséquences principales sur les populations de moustique tigre :
- il rend accessibles des régions qui lui étaient trop froides ;
- il accélère le cycle de vie du moustique, lui permettant ainsi de se reproduire et de coloniser plus rapidement le territoire.

Étape 2 Le réchauffement climatique semble favoriser l'installation d'espèces tropicales en France, comme le moustique tigre.
Il s'agit ici d'une corrélation. Seule une étude expérimentale approfondie pourrait démontrer une causalité.

Agir sur le réchauffement climatique

32

☐ OK

I Des actions à des échelles différentes

- À l'échelle collective, le Giec a pour objectif d'évaluer de façon mondiale les connaissances acquises et les stratégies à mettre en œuvre. De nombreux pays ont développé des plans d'action bâtis sur un consensus scientifique, dont l'objectif est de renforcer les connaissances et l'évaluation des politiques mises en place.
- On peut également agir à l'échelle individuelle, en limitant par exemple les transports individuels ou en achetant préférentiellement des produits fabriqués localement ou nécessitant peu d'énergie.

II Les stratégies d'atténuation ou d'adaptation

- On peut envisager de limiter (atténuation) l'ampleur du réchauffement climatique et/ou d'adapter les installations et les comportements humains aux conséquences inéluctables du réchauffement climatique.
- Parmi les stratégies d'atténuation possibles, on peut réduire les émissions de gaz à effet de serre. Diverses méthodes de stockage du carbone (agriculture et sylviculture, puits miniers, etc.) sont également à l'étude.
- Les plans d'action nationaux proposent aussi des stratégies d'adaptation. En France, le PNACC (plan national d'action sur le changement climatique) recherche les méthodes et les bénéfices de diverses politiques d'action :
  - construction de digues et naturalisation des côtes pour lutter contre l'érosion du littoral ;
  - végétalisation des villes ;
  - prévention et suivi des maladies infectieuses, etc.

DOC. Notions d'atténuation ou d'adaptation selon le PNACC

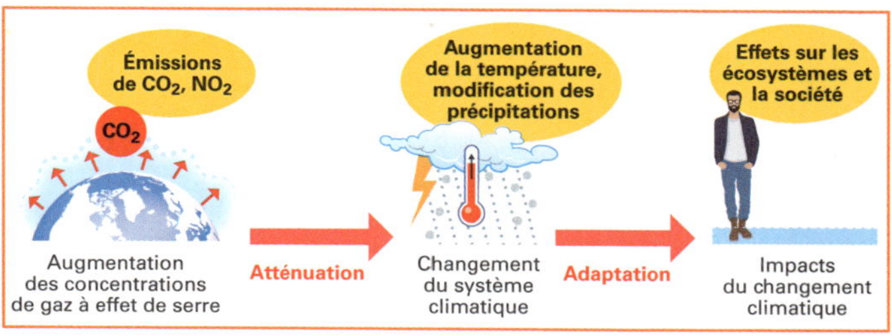

Méthode

Proposer ou identifier une stratégie d'action

Les centres-villes connaissent souvent des températures plus élevées que les zones rurales, et cet écart peut s'aggraver avec le réchauffement climatique.

D'après le document, proposer une stratégie d'atténuation permettant de limiter l'ampleur des îlots de chaleur urbains.

DOC. Profil de température selon l'occupation des sols

Le phénomène « îlot de chaleur urbain » dépend de l'organisation du bâti et de l'utilisation de matériaux réfléchissants : plus une surface a un albédo faible, plus elle se réchauffe. Par ailleurs, ce phénomène est modéré par la présence d'eau : ainsi, la remise à l'air libre en 2005 de la rivière Cheongguecheon à Séoul, enfouie sous l'autoroute depuis 1950, a réduit la température de 3,6 °C aux alentours.

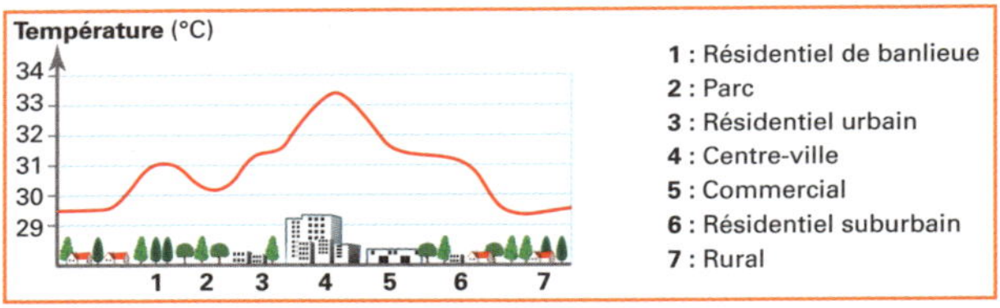

Conseils

Étape 1 Identifier le paramètre sur lequel on veut agir.
Étape 2 Établir les corrélations entre température et type d'occupation des sols.
Étape 3 Imaginer comment réduire la température des centres-villes.

SOLUTION

Étape 1 On veut atténuer la température dans les centres-villes.

Étape 2 On observe que, par rapport aux zones rurales, la température est plus élevée de 1,5 °C dans les zones résidentielles et commerciales, et même de 3,5 °C dans les centres-villes. Dans les parcs, la température n'est que de 0,5 °C plus élevée.

Étape 3 Pour atténuer les îlots de chaleur urbains, on peut envisager :
- d'utiliser davantage de matériaux réfléchissants, afin de baisser l'albédo et donc de limiter le réchauffement du centre-ville ;
- de végétaliser les centres villes (parcs, toitures végétalisées, etc.), puisque la présence de végétation limite la température ;
- de libérer les cours d'eau qui auraient pu être enfouis.

Quiz EXPRESS

33

Avez-vous bien révisé les fiches 31 et 32 ? On vérifie !

1 Le consensus sur le réchauffement climatique

▶ FICHE 31

1. Depuis 150 ans, les données climatiques révèlent :

☐ **a.** une baisse de la température et du CO_2 atmosphérique

☐ **b.** une hausse de la température et du CO_2 atmosphérique

☐ **c.** une baisse de la température et une hausse du CO_2 atmosphérique

☐ **d.** une hausse de la température et du CO_2 atmosphérique

2. Le Giec est le Groupe d'experts :

☐ **a.** international sur les émissions de CO_2

☐ **b.** intergouvernemental sur l'évolution du climat

☐ **c.** international d'étude du cycle du carbone

3. Une conséquence physique du réchauffement climatique est :

☐ **a.** la dérégulation des écosystèmes

☐ **b.** une modification des aires de répartition des espèces

☐ **c.** une hausse du niveau mondial de la mer

2 Agir sur le réchauffement climatique

▶ FICHE 32

1. Pour agir sur le réchauffement climatique :

☐ **a.** seules les actions individuelles ont un impact

☐ **b.** seules les actions internationales ont un impact

☐ **c.** toutes les actions peuvent avoir un impact

2. Pour faire face au réchauffement climatique, on peut proposer :

☐ **a.** une stratégie d'atténuation : stocker le CO_2 dans les mines

☐ **b.** une stratégie d'atténuation : développer des plans d'action d'urgence en cas de canicule estivale

☐ **c.** une stratégie d'adaptation : favoriser l'électricité d'origine nucléaire plutôt que celle venant des conbustibles fossiles

☐ **d.** une stratégie d'adaptation : développer des plans de prévention des maladies infectieuses

CORRIGÉS

1 Le consensus sur le réchauffement climatique

1. Réponse d. Depuis 150 ans, les données climatiques révèlent une hausse de la température liée à une hausse du CO_2 atmosphérique.

Les réponses **a**, **b** et **c** sont par conséquent incorrectes.

2. Réponse b. L'acronyme Giec désigne le Groupe d'experts intergouvernemental sur l'évolution du climat.

Les réponses **a** et **c** sont par conséquent incorrectes.

3. Réponse c. Une conséquence physique du réchauffement climatique est une hausse du niveau mondial de la mer.

Les réponses **a** et **b** sont incorrectes. Ce sont des conséquences possibles du réchauffement climatique, mais elles ne sont pas de nature physique.

2 Agir sur le réchauffement climatique

1. Réponse c. Pour agir sur le réchauffement climatique, toutes les actions peuvent avoir un impact.

Les réponses **a** et **b** sont incorrectes. Les actions individuelles ne sont pas les seules à avoir un impact, de même qu'une action à l'échelle internationale ne peut suffire à mobiliser tous les citoyens.

2. Réponses a et d. Pour faire face au réchauffement climatique, on peut proposer une stratégie d'atténuation (stocker le CO_2 dans les mines) et une stratégie d'adaptation : développer des plans de prévention des maladies infectieuses.

Les réponses **b** et **c** sont incorrectes. Des plans d'urgence canicule n'ont pas d'influence sur le climat et favoriser l'électricité nucléaire n'est pas une stratégie d'adaptation.

Le réflexe myotatique, un mouvement involontaire

34

☐ OK

I Le déclenchement du réflexe

- Le médecin peut faire un test du **réflexe** rotulien en tapant sur le genou fléchi du patient. Ce choc, ou stimulus, provoque un **étirement du muscle**, puis une extension de la jambe.
- Dans les muscles, certaines fibres musculaires sont entourées par un neurone sensoriel ; cette zone est le fuseau neuromusculaire et est sensible à l'étirement.

DOC. Le circuit général d'un réflexe

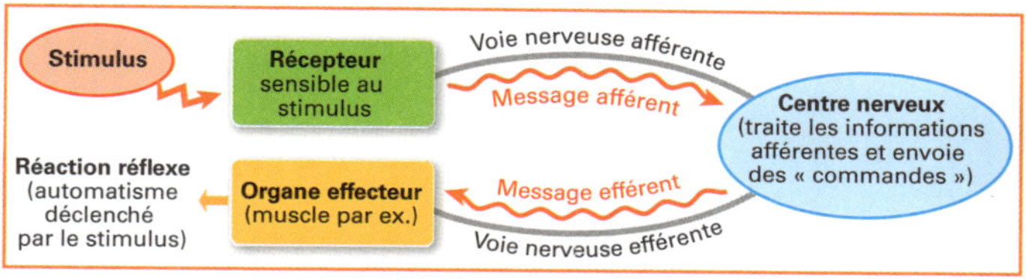

II L'intégration des informations par la moelle épinière

- Lorsque le fuseau neuromusculaire est excité ou étiré, un message nerveux est engendré par le neurone sensoriel et est amené jusqu'à la **moelle épinière** : c'est un **message afférent**. Dans la moelle épinière, le message nerveux sensoriel est transmis à un motoneurone (neurone moteur) par le biais d'une structure spécifique : la synapse. Le motoneurone activé envoie alors un message nerveux jusqu'au muscle étiré, qui se contracte : c'est un **message efférent**.
- Lors d'un réflexe, un muscle se contracte et un autre muscle, antagoniste, se relâche. Par exemple, le réflexe rotulien est un étirement de la jambe produit par la contraction du quadriceps et le relâchement des ischio-jambiers.
- Le réflexe est un **mouvement involontaire** constituant un mécanisme de préservation des muscles, qui se contractent quand ils sont trop étirés. Ce réflexe est aussi primordial dans le maintien de la posture.
- En raison de la succession des événements, on dit que le réflexe est une boucle de régulation. On parle aussi d'arc réflexe.

Méthode

Comprendre le transfert des messages nerveux lors du réflexe

En 1820, le médecin et physiologiste français François Magendie entre à l'école vétérinaire d'Alfort. Il réalise alors une série d'expériences sur des animaux afin d'étudier la moelle épinière.

Déterminer le sens de circulation des messages nerveux moteurs et sensoriels en vous appuyant sur les expériences de Magendie.

DOC. Résultats expérimentaux obtenus par François Magendie

Les tiretés indiquent les sections réalisées sur les nerfs. Les flèches noires désignent les points où les stimulations n'engendrent pas de contraction. Les flèches rouges désignent les points où les stimulations engendrent une contraction.

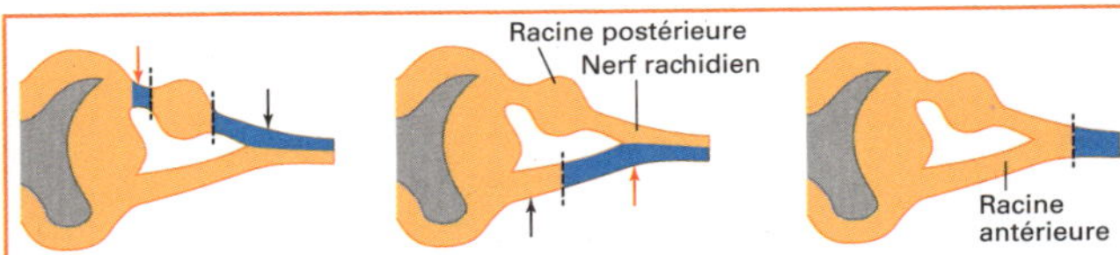

a. Perte de sensibilité globale

b. Perte de motricité globale

c. Perte de la motricité et de la sensibilité

Conseils

Étape 1 Identifier les types de message qui circulent dans le nerf rachidien.
Étape 2 Identifier la nature des messages nerveux qui circulent dans la racine postérieure et la racine antérieure de la moelle épinière.
Étape 3 Déterminer le sens de circulation de ces messages.

SOLUTION

Étape 1 La section du nerf rachidien (**c**) entraîne la perte de la motricité et de la sensibilité. Ce nerf transmet donc des messages nerveux moteurs et sensoriels.

Étape 2 La section de la racine postérieure (**a**) ne fait perdre que la sensibilité. La racine postérieure conduit donc uniquement des messages sensoriels. La section de la racine antérieure (**b**) ne fait perdre que la motricité. La racine postérieure conduit donc uniquement des messages moteurs.

Étape 3 L'expérience **b** montre que seule la stimulation du côté de la racine antérieure reliée au muscle entraîne une contraction : le message moteur sort donc de la moelle épinière par la racine antérieure. L'expérience **a** montre que les messages sensoriels entrent par la racine postérieure de la moelle épinière.

Rôle des jonctions neuromusculaires

35

☐ OK

I La jonction neuromusculaire

- Le message du neurone moteur est produit dans le corps cellulaire et transite via l'axone jusqu'à la terminaison axonale sous la forme d'un message électrique nommé **potentiel d'action**. On parle de **codage électrique** du message.
- La terminaison axonale est à proximité de la fibre musculaire au niveau de la **plaque motrice**. Cette zone est la **jonction neuromusculaire**.

DOC. 1. Schéma d'un neurone, cellule typique du système nerveux

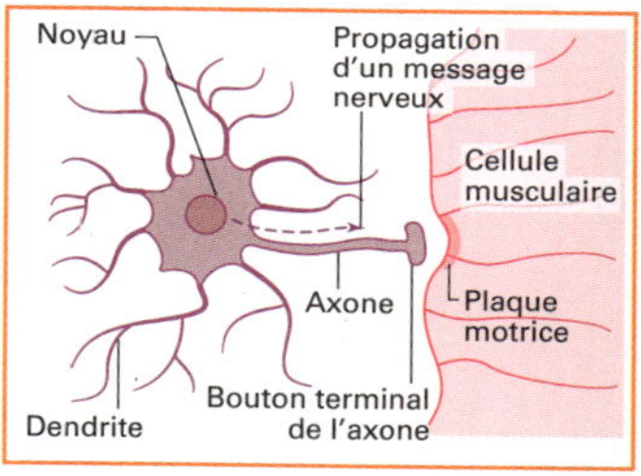

- Le transfert du message nerveux électrique à la fibre musculaire met en jeu un messager chimique, l'acétylcholine, qui transite par une synapse. C'est un **codage chimique** du message.

II Le potentiel d'action musculaire à l'origine de la contraction

- Le **message nerveux** électrique (potentiel d'action) est transmis, par l'intermédiaire de l'acétylcholine, à la fibre musculaire qui, à son tour, crée un nouveau message électrique nommé potentiel d'action musculaire.
- Le **potentiel d'action** musculaire déclenche, par une cascade de réactions, une sortie d'ions calciques (Ca^{2+}) stockés dans le réticulum sarcoplasmique, un organite de la fibre musculaire.

DOC. 2. Contraction d'une fibre musculaire activée par un motoneurone

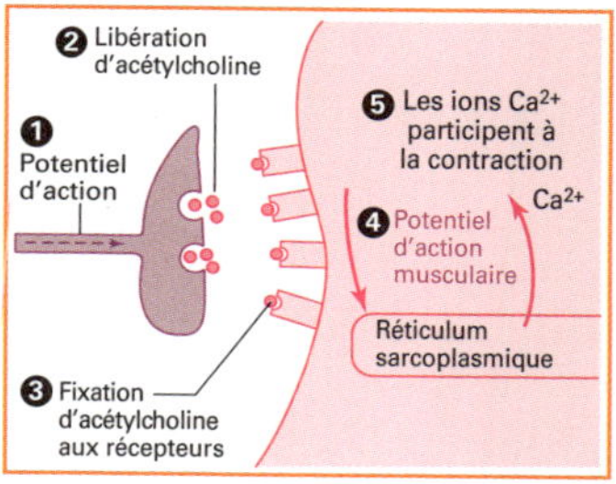

- Une stimulation nerveuse du motoneurone provoque une contraction musculaire. Il y a une **réponse motrice** au stimulus nerveux.

Méthode

Comprendre la transmission d'un messager chimique

L'étude du document révèle l'aspect sombre et épais de la région postsynaptique de la jonction neuromusculaire.

À partir de l'analyse du document et de vos connaissances, montrer que le message électrique du neurone présynaptique est transmis à la fibre musculaire par l'intermédiaire d'un messager chimique.

DOC. Électronographie de la jonction neuromusculaire

À gauche, on observe l'épaississement de la membrane postsynaptique de la fibre musculaire. Au centre et à droite, zoom sur l'espace synaptique avant (centre) et après (droite) une stimulation électrique du motoneurone.

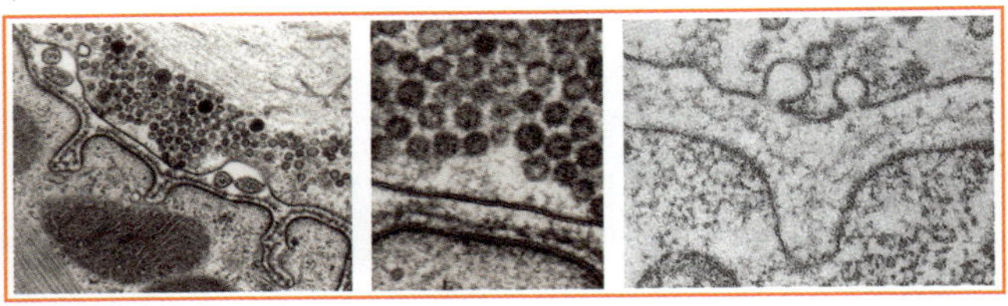

Conseils

Étape 1 Décrire le neurone présynaptique avant et après sa stimulation.
Étape 2 Expliquer l'origine de l'expulsion des vésicules.
Étape 3 Expliquer comment le message électrique est restauré dans la région postsynaptique de la fibre musculaire.
Étape 4 Expliquer l'importance de modifier la nature du message.

SOLUTION

Étape 1 Avant la stimulation, le neurone contient de nombreuses vésicules. Après la stimulation, elles déversent leur contenu dans la synapse.
Étape 2 L'arrivée du potentiel d'action dans la terminaison neuronale active la fusion des vésicules avec la membrane du neurone par exocytose.
Étape 3 L'acétylcholine libérée dans la synapse se fixe aux récepteurs de la membrane postsynaptique de la fibre musculaire, ce qui engendre un message électrique : le potentiel d'action musculaire.
Étape 4 Pour transmettre l'information entre deux cellules, il faut franchir un espace synaptique, ce qui est possible au moyen d'un messager de nature chimique.

Le contrôle du mouvement volontaire

36

☐ OK

I | Le cerveau, récepteur des informations sensorielles

- Le cerveau, la moelle épinière et le cervelet forment le système nerveux central. On estime que le cerveau est composé d'environ 100 milliards de neurones, associés à 200 milliards de cellules gliales.
- Le cerveau reçoit des messages sensoriels provenant de tout l'organisme. Les neurones centraux du cortex cérébral intègrent ces informations et produisent en retour un message nerveux.
- La somme des informations apportées aux neurones centraux produit ou non un message nerveux. On parle de sommation.

DOC. Voie motrice volontaire

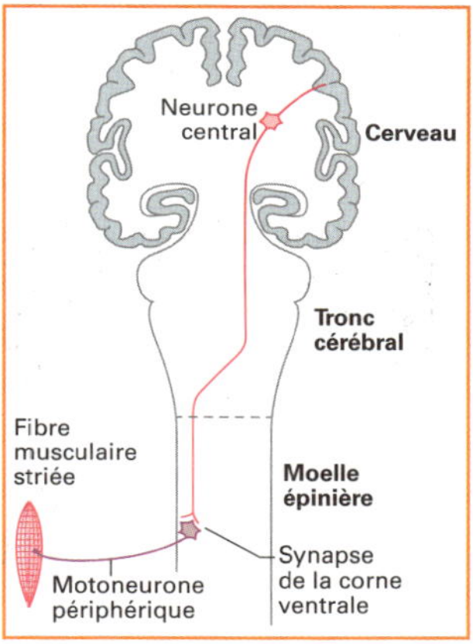

II | La voie motrice volontaire

- Les axones des neurones centraux localisés dans l'hémisphère gauche se croisent avec ceux provenant de l'hémisphère droit au niveau du tronc cérébral. Les neurones de l'hémisphère droit contrôlent les neurones moteurs des muscles localisés du côté gauche de l'organisme et vice versa.
- Les corps cellulaires des motoneurones sont dans la moelle épinière. Ils reçoivent les informations transmises par les neurones cérébraux. Chaque neurone moteur est relié à une seule fibre musculaire.

Mot clé

Motoneurone : neurone relié à un muscle et qui contrôle sa contraction.

III | Cortex moteur ou aire motrice

- Dans le cerveau, les neurones centraux qui agissent sur les neurones moteurs sont localisés dans une zone spécifique nommée cortex moteur ou aire motrice, située dans la partie postérieure du lobe frontal.
- Chaque zone de l'aire motrice contrôle des muscles différents, l'aire motrice est donc spécialisée.

Méthode

Mettre en évidence la spécialisation des aires cérébrales

Des médecins demandent à un patient d'effectuer un mouvement de la main et mesurent en parallèle l'activité de son cerveau grâce à la technique de l'IRM fonctionnelle.

En vous appuyant sur le document, expliquer pourquoi les médecins affirment que les voies motrices volontaires se croisent et que le cortex moteur est spécialisé.

DOC. Résultats d'un IRMf du lobe frontal (vue de dos) lors d'un mouvement de la main gauche

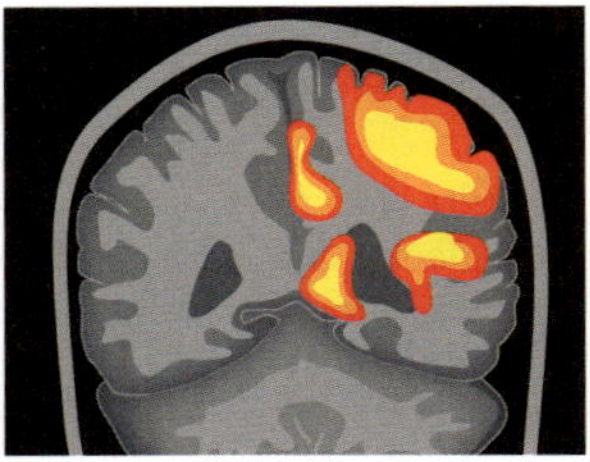

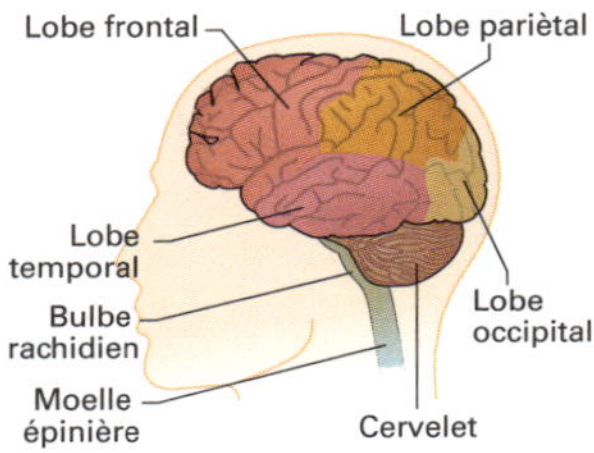

Conseils

Étape 1 Identifier les zones cérébrales activées lors du mouvement.
Étape 2 Déterminer quels hémisphères contrôlent le mouvement de chaque main.
Étape 3 Pourquoi peut-on dire que l'aire motrice est spécialisée ?

SOLUTION

Étape 1 Le cortex moteur se situe à l'arrière du lobe frontal. C'est surtout le tiers supérieur du cortex moteur droit qui est activé lors du mouvement de la main gauche.

Étape 2 L'hémisphère droit est à l'origine du mouvement volontaire de la main gauche. Inversement, on suppose que l'hémisphère gauche contrôle la main droite.

Étape 3 Le mouvement de la main gauche ne mobilise pas tout le cortex moteur de l'hémisphère droit et le cortex moteur de l'hémisphère gauche n'est pas mobilisé. Il y a donc une spécialisation des aires motrices des deux hémisphères, car chaque zone du cortex contrôle un ensemble de muscles bien précis et chaque hémisphère contrôle les muscles localisés du côté opposé.

Perturbations de la motricité et apprentissage

37

☐ OK

I Plasticité cérébrale et fonctionnement du cerveau

- La plasticité cérébrale permet la modification de la structure du cerveau et de son fonctionnement en réponse à des stimulations volontaires (apprentissage) ou des modifications accidentelles (AVC).
- La plasticité cérébrale se traduit par une augmentation du nombre de connexions synaptiques entre certains neurones, par une augmentation du nombre de neurones ou par l'allongement de leurs axones, ce qui favorise le contact avec d'autres neurones.

II Les accidents vasculaires cérébraux

- Un accident vasculaire cérébral (AVC) résulte d'un problème de circulation du sang dans le cerveau, qui peut affecter des zones précises ou un hémisphère entier. La zone affectée devient inactive, ce qui peut pertuber la motricité.
- La plasticité cérébrale permet de restaurer les fonctions perdues à la suite d'un AVC par la mobilisation de nouvelles zones cérébrales. Le processus est facilité par des programmes de rééducation adaptés.

III La capacité d'apprentissage

- L'apprentissage est la capacité pour un individu de modifier son comportement lorsqu'il est face à un problème ou lorsqu'il répète des actions.
- En imagerie (IRM fonctionnelle), les zones activées du cerveau sont celles du cortex cérébral les plus irriguées par le sang lors de l'action. La technique révèle la plasticité cérébrale liée à l'apprentissage. Un pianiste professionnel, par exemple, mobilise un plus grand nombre de zones du cortex cérébral qu'un amateur.

> **Mot clé**
> **IRM fonctionnelle** : imagerie permettant de visualiser les zones cérébrales en activité.

DOC. IRMf des deux hémisphères d'un pianiste amateur (à gauche) et d'un pianiste professionnel (à droite)

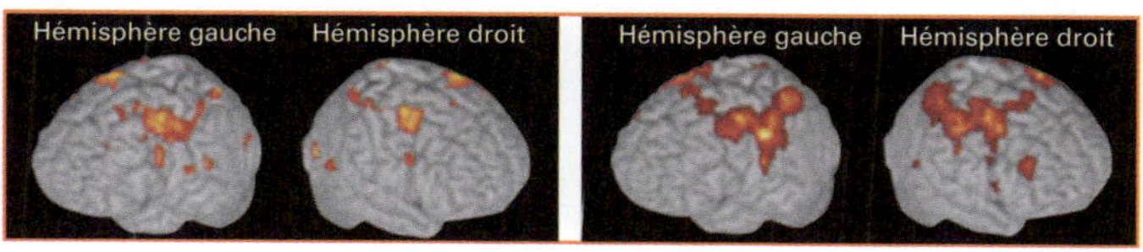

Méthode

Observer une récupération après un AVC

Des patients victimes d'un AVC affectant le cortex moteur gauche présentent des troubles de la motricité de la main droite. On a mesuré par IRM fonctionnelle (IRMf) l'activité cérébrale de certains patients pendant un mouvement de fermeture du poing.

Expliquer comment la plasticité cérébrale permet la récupération de la fonction motrice de la main droite après un AVC.

DOC. IRMf de patients atteints d'un AVC du cortex moteur gauche

Les images visualisent l'activité des deux hémisphères lors de la fermeture du poing droit 2 et 10 jours après l'accident, en comparaison d'un individu témoin.

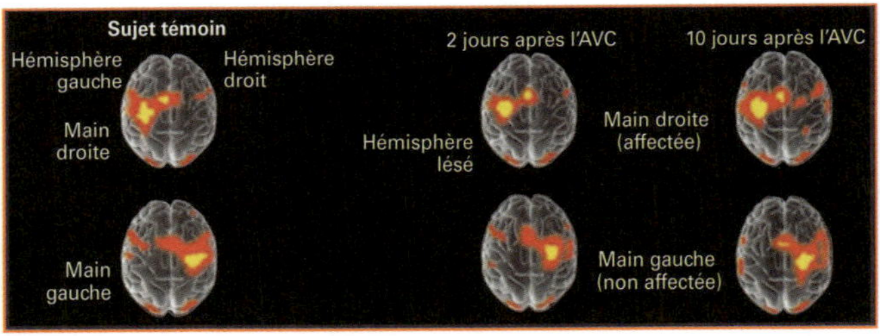

Conseils

Étape 1 Comparer les IRMf des patients deux jours après leur AVC et celui des sujets témoins.

Étape 2 Comparer les IRMf des patients au bout de 10 jours avec ceux du deuxième jour.

Étape 3 Expliquer comment la plasticité cérébrale permet la récupération de la fonction motrice de la main droite.

SOLUTION

Étape 1 La zone active du cortex moteur gauche des patients touchés par un AVC est plus petite que chez les sujets témoins.

Étape 2 Au bout de 10 jours, l'activité des cortex moteurs droit et gauche des patients augmente lorsque la main droite est serrée.

Étape 3 L'activation de zones du cortex moteur droit après l'AVC lors du mouvement de la main droite montre que le cerveau a modifié son fonctionnement afin de compenser le déficit de motricité de la main droite. Il s'agit bien d'un mécanisme de plasticité cérébrale participant à la restauration de la motricité.

Fondements de la communication neuronale

38

☐ OK

I Le message codé en fréquence de potentiel d'action

- Les neurones cérébraux reçoivent en permanence des informations d'autres neurones via des neurotransmetteurs comme la sérotonine, la dopamine ou le GABA. Tous ces messages sont intégrés par le neurone et s'additionnent : c'est la **sommation** spatiale ou temporelle.
- Le neurone est une cellule polarisée qui montre une forte **différence de potentiel** avec le milieu extérieur (–70 mV en moyenne).
- Le neurone produit un message nerveux sous forme de **potentiels d'action** dont la fréquence code l'intensité du message.

Mot clé

Potentiel d'action : différence de potentiel résultant d'une modification de répartition des ions entre l'intérieur et l'extérieur de la membrane du neurone.

DOC. Potentiel d'action d'un neurone à la suite de sa stimulation

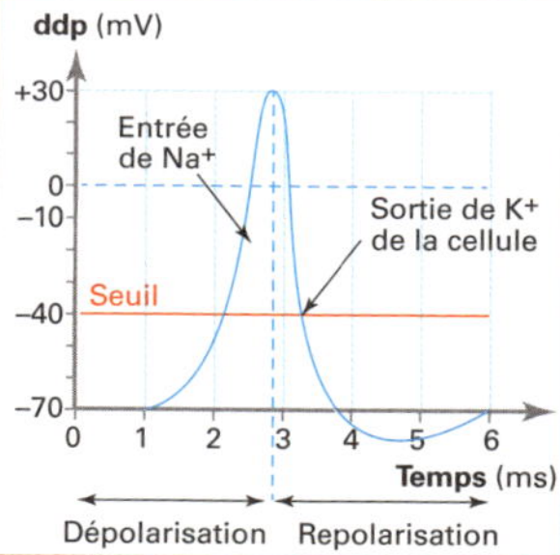

II Perturbations de la communication neuronale

- Les substances contenues dans les **drogues** (cannabis, cocaïne, alcool, tabac…) agissent directement sur le cerveau en perturbant la communication entre les neurones. Elles perturbent le fonctionnement des neurones du **système de récompense**, ce qui provoque les phénomènes d'addiction et de manque.
- Le plus souvent, les substances actives des drogues provoquent une forte libération de dopamine dans les neurones du système de récompense. On parle de molécules **psychoactives**. Elles peuvent soit imiter la dopamine, soit se substituer à d'autres neurotransmetteurs, soit empêcher la dégradation de la dopamine. Il en résulte toujours une augmentation du taux de dopamine dans le cerveau, créant une sensation de plaisir ou une sensation de manque lors des périodes de sevrage.

Méthode

Étudier l'action de la nicotine sur le cerveau

La cigarette contient de nombreuses substances cancérigènes, ses effets néfastes sur la santé ne sont plus à démontrer. On se propose de comprendre le rôle de l'une de ces substances, la nicotine.

À l'aide des documents et de vos connaissances, expliquer l'action de la nicotine et son rôle sur la dépendance à la cigarette.

DOC. 1. Action de l'acétylcholine sur un neurone dopaminergique

Ces neurones sont très présents dans la zone de récompense du cerveau.

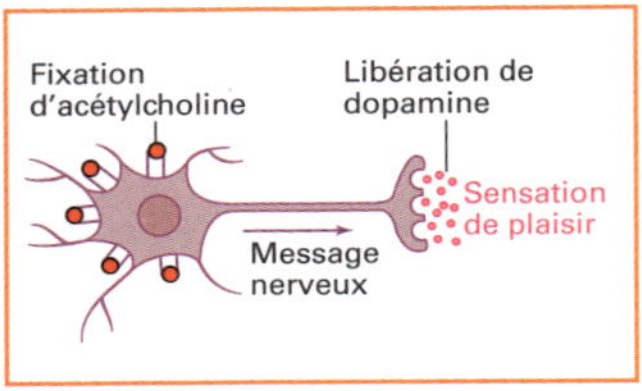

DOC. 2. Comparaison des molécules d'acétylcholine et de nicotine

Le cercle indique la zone de fixation sur le récepteur à l'acétylcholine.

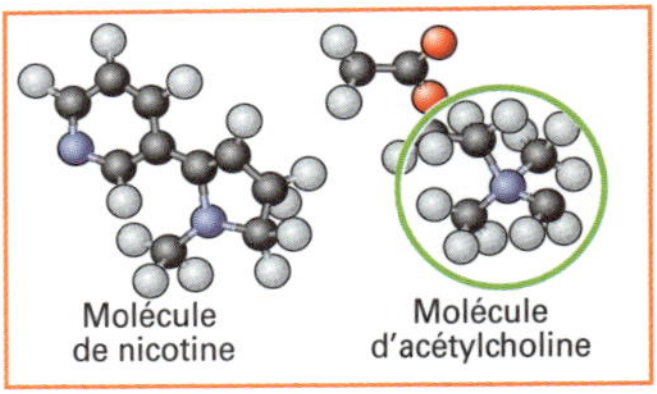

Conseils

Étape 1 Expliquer le fonctionnement des neurones dopaminergiques.
Étape 2 Rappeler le rôle de ces neurones dans le cerveau.
Étape 3 Comparer les molécules d'acétylcholine et de nicotine.
Étape 4 Expliquer comment la nicotine rend dépendant à la cigarette.

SOLUTION

Étape 1 La fixation de l'acétylcholine sur les récepteurs des neurones dopaminergiques provoque l'exocytose de vésicules contenant la dopamine. Cette libération entraîne la sensation de plaisir.

Étape 2 Ces neurones font partie du système de récompense.

Étape 3 La nicotine et l'acétylcholine présentent une région quasi identique.

Étape 4 La nicotine a un site moléculaire qui est identique au site de fixation de l'acétylcholine sur son récepteur. La nicotine peut donc se fixer sur les récepteurs à l'acétylcholine. Quand un individu fume, la nicotine se fixe sur les neurones dopaminergiques qui libèrent de la dopamine, provoquant une sensation de plaisir. La nicotine est donc la cause de la dépendance.

Quiz EXPRESS

39

Avez-vous bien révisé les fiches 34 à 38 ? On vérifie !

1 Le réflexe myotatique, un mouvement involontaire

▶ FICHE 34

Le réflexe myotatique fait intervenir :

- ☐ a. un muscle extenseur et un muscle fléchisseur
- ☐ b. le cerveau, qui fait partie du système nerveux central
- ☐ c. des messages nerveux sensoriels sortant de la moelle épinière

2 Rôle des jonctions neuromusculaires

▶ FICHE 35

Les jonctions neuromusculaires mettent en jeu :

- ☐ a. un messager chimique, l'acétylcholine, libéré dans une synapse
- ☐ b. des récepteurs présynaptiques localisés sur la fibre musculaire
- ☐ c. une conversion de messages électriques et chimiques

3 Le contrôle du mouvement volontaire

▶ FICHE 36

Le mouvement volontaire met en jeu :

- ☐ a. le cerveau qui envoie des messages sensoriels aux muscles
- ☐ b. une activation de l'aire motrice située dans le cortex
- ☐ c. une sommation de messages sensoriels dans le cerveau

4 Perturbations de la motricité et apprentissage

▶ FICHE 37

La plasticité cérébrale est un mécanisme complexe qui permet :

- ☐ a. la récupération après un accident vasculaire cérébral
- ☐ b. uniquement la modification du nombre de neurones
- ☐ c. d'expliquer les processus d'apprentissage

5 Fondements de la communication neuronale

▶ FICHE 38

La transmission d'informations nerveuses met en jeu :

- ☐ a. des potentiels d'action circulant dans les synapses
- ☐ b. la libération de neurotransmetteurs dans les axones
- ☐ c. l'acétylcholine, qui peut être perturbée par des drogues

CORRIGÉS

1 Le réflexe myotatique, un mouvement involontaire

Réponses a et c. Le réflexe myotatique fait intervenir un muscle extenseur et un muscle fléchisseur, ainsi que des messages nerveux sensoriels entrant dans la moelle épinière.

La réponse **b** est incorrecte. Le cerveau contrôle les mouvements volontaires, le réflexe fait intervenir la moelle épinière.

2 Rôle des jonctions neuromusculaires

Réponses a et c. Les jonctions neuromusculaires mettent en jeu l'acétylcholine, qui est libérée dans une synapse, où s'effectue la conversion des messages électriques et chimiques.

La réponse **b** est incorrecte. Ce sont les récepteurs postsynaptiques qui sont localisés sur la fibre musculaire.

3 Le contrôle du mouvement volontaire

Réponses b et c. Le mouvement volontaire met en jeu une activation de l'aire motrice située dans le cortex et une sommation de messages sensoriels dans le cerveau.

La réponse **a** est incorrecte. Le cerveau n'envoie pas de messages sensoriels aux muscles.

4 Perturbations de la motricité et apprentissage

Réponses a et c. La plasticité cérébrale est un mécanisme complexe qui permet la récupération après un AVC et qui permet d'expliquer les processus d'apprentissage.

La réponse **b** est incorrecte. La plasticité cérébrale modifie non seulement le nombre de neurones, mais aussi le nombre de connexions et la longueur des axones.

5 Fondements de la communication neuronale

Réponse c. La transmission d'informations nerveuses met en jeu l'acétylcholine, qui peut être perturbée par des drogues.

Les réponses **a** et **b** sont incorrectes. Les potentiels d'action circulent dans les axones et les neurotransmetteurs sont libérés dans les synapses.

Le muscle strié squelettique

40

☐ OK

I Les muscles dans les mouvements

- Par leur contraction, les muscles striés squelettiques assurent la motricité du corps en faisant bouger les os auxquels ils sont rattachés par des tendons.
- La plupart des mouvements font intervenir un couple de **muscles antagonistes** : l'un est relâché lorsque l'autre est contracté et inversement. Par exemple, le biceps est un muscle fléchisseur, alors que le triceps est un muscle extenseur.

DOC. 1. Réalisation d'un mouvement de flexion

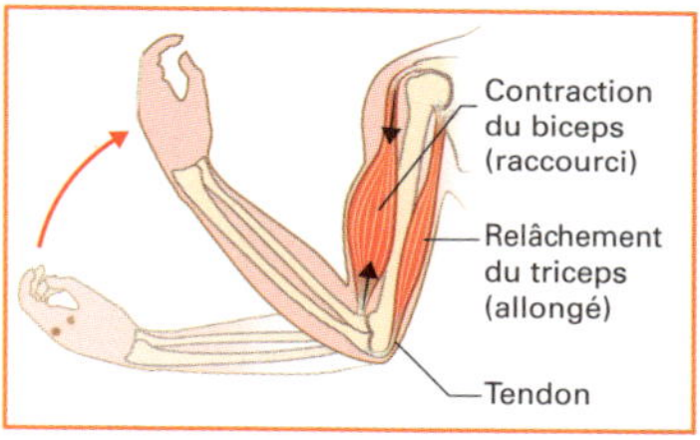

- Un muscle strié squelettique est composé de plusieurs **faisceaux musculaires** constitués d'un ensemble de cellules appelées **fibres musculaires**.

II La fibre musculaire, une cellule spécialisée

- Le cytoplasme ou **sarcoplasme** d'une cellule musculaire contient un grand nombre de mitochondries et montre quelques spécificités : il possède plusieurs noyaux, un réseau très développé de réticulum sarcoplasmique, du glycogène (réserves de glucose) et surtout de nombreuses myofibrilles qui occupent la plus grande partie du sarcoplasme.
- Chaque myofibrille est constituée de **myofilaments** de nature protéique. Une myofibrille est organisée en une succession de sarcomères, qui sont les unités contractiles élémentaires du muscle.

DOC. 2. Organisation d'un sarcomère (3 µm de longueur au repos)

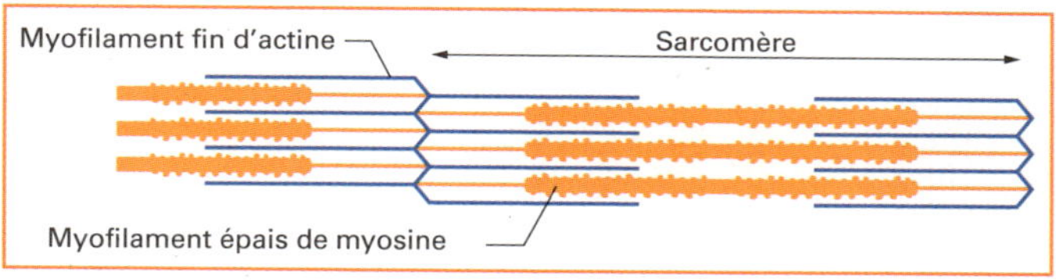

Méthode

Démontrer l'activité des muscles antagonistes

La marche exige de coordonner les muscles du membre inférieur.

À partir du document, montrer comment l'activité antagoniste des muscles permet les mouvements de flexion et d'extension du pied.

DOC. Activité électrique des muscles de la jambe

Un muscle qui se contracte est le siège d'une activité électrique d'autant plus grande que la contraction musculaire est intense.
a. Muscles de la jambe. **b.** Électromyogrammes : enregistrements de l'activité électrique des muscles de la jambe lors d'exercices alternés « pointe-talon » (extension-flexion du pied). A : pied à plat. B : pied sur pointe. C : pied sur talon.

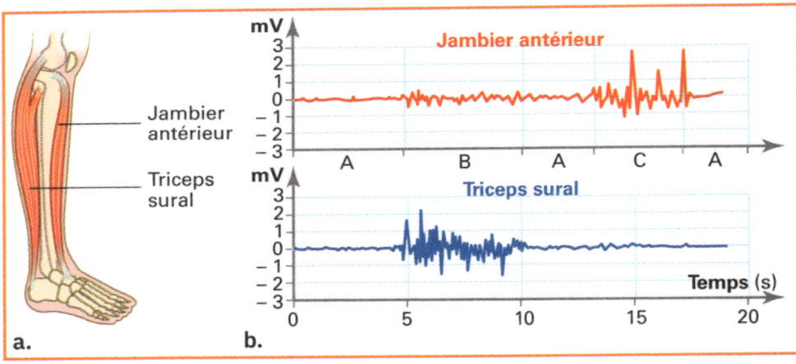

Conseils

Étape 1 Pour chaque position du pied, indiquer l'activité électrique d'un des deux muscles afin d'en déduire son état de contraction.
Étape 2 Faire de même avec le deuxième muscle.
Étape 3 Comparer l'état de contraction des deux muscles lors d'une flexion/extension.

SOLUTION

Étape 1 Le triceps sural présente une forte activité électrique (jusqu'à 2 mV) durant la période B, lorsque le pied est sur pointe, mais pas lors des périodes A et C. Il est donc contracté lorsque le pied est en extension et relâché lorsque le pied est en flexion.
Étape 2 Le jambier antérieur présente une forte activité électrique durant la période C, lorsque le pied est sur talon, mais pas lors des périodes A et B. Il est donc contracté lorsque le pied est en flexion et relâché lorsque le pied est en extension.
Étape 3 Lorsque le triceps sural est contracté, le jambier antérieur est globalement relâché et inversement : c'est l'activité antagoniste de ces muscles qui permet les mouvements du pied.

Le fonctionnement de la cellule musculaire

41

☐ OK

I La contraction musculaire

- Lors de la contraction musculaire, chaque sarcomère se raccourcit, de sorte que les myofibrilles, ainsi que l'ensemble de la fibre raccourcissent, par glissement des myofilaments d'actine entre les molécules de myosine.
- La molécule d'ATP intervient à plusieurs étapes du cycle de contraction.

Mot clé

ATP : adénosine triphosphate, molécule fondamentale dans les réactions de transferts d'énergie se déroulant dans les cellules.

DOC. Mécanismes moléculaires de la contraction

1. Séparation des complexes actine-têtes de myosine. **2.** Basculement des têtes de myosine. **3.** Liaison des têtes de myosine plus loin sur l'actine. **4.** Retour des têtes de myosine à leur position initiale (entraînant le glissement de l'actine).

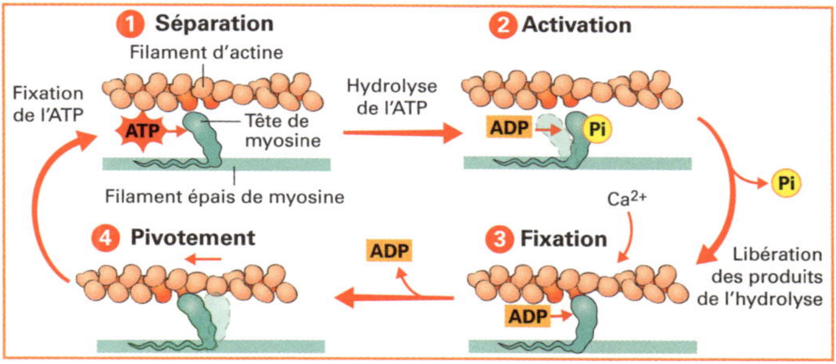

II Le dysfonctionnement des cellules musculaires

- Les dystrophies musculaires sont des maladies musculaires (ou myopathies) caractérisées par une dégénérescence des fibres musculaires, entraînant progressivement l'atrophie des muscles : ils perdent leur volume et donc leur force de contraction. Cette dégénérescence est due à l'absence de certaines protéines (telle que la dystrophine) assurant les interactions entre les protéines intracellulaires et la matrice extracellulaire.
- Ces myopathies ont une origine génétique, liée à la mutation de gènes codant ces protéines.

Méthode

Déterminer les conditions de la contraction musculaire

Il est possible d'extraire des myofibrilles isolées à partir de cellules musculaires et de mesurer leur tension, proportionnelle à leur force de contraction dans différentes conditions expérimentales.

Par une exploitation rigoureuse du document, expliquer quelles sont les conditions indispensables à la contraction des myofibrilles.

DOC. Mesure de la tension d'une myofibrille après l'ajout d'ATP, de calcium ou d'un chélateur dans le milieu

Le chélateur fixe les ions Ca^{2+}, bloquant ainsi leur action.

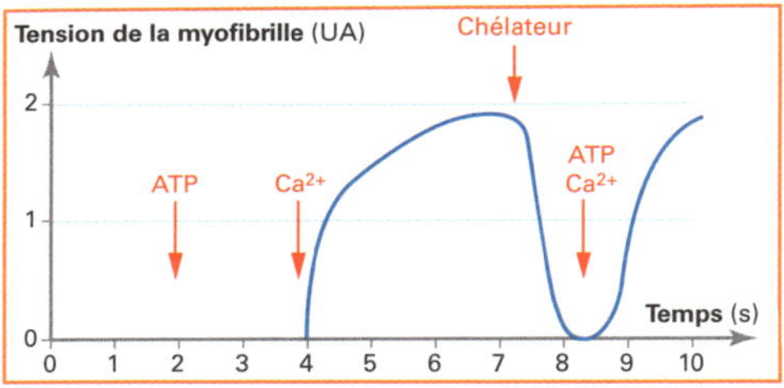

Conseils

Étape 1 Décrire les variations du paramètre mesuré en fonction des conditions expérimentales.
Étape 2 Indiquer les effets du chélateur sur la tension.
Étape 3 Mettre en avant l'importance du Ca^{2+} et de l'ATP dans la contraction des myofibrilles.

SOLUTION

Étape 1 La tension mesurée dans la myofibrille montre une contraction d'autant plus forte que la tension est grande.
Sans ATP ou après ajout d'ATP seul, il n'y a pas de modification de la tension de la myofibrille, donc pas de contraction. En revanche, si l'on ajoute du Ca^{2+} à l'ATP, on observe une augmentation de la tension, donc une contraction.
Étape 2 L'apport d'un chélateur bloquant l'action des Ca^{2+} entraîne une diminution de la tension, donc un arrêt de la contraction.
Étape 3 On en déduit que la présence simultanée d'ion Ca^{2+} et d'ATP est indispensable à la contraction des myofibrilles, donc du muscle.

La production d'ATP par métabolisme aérobie

42

☐ OK

I Les étapes de la respiration cellulaire

- La **glycolyse**, qui se déroule dans le **hyaloplasme**, est une dégradation du glucose en deux molécules d'acide pyruvique ou pyruvate.

$$C_6H_{12}O_6 + 2\ NAD^+ \longrightarrow 2\ C_3H_4O_3 + 2\ NADH,H^+$$

$$2\ Pi + 2\ ADP \longrightarrow 2\ ATP$$

Mots clés

- **NAD^+ et FAD** : formes oxydées de transporteurs d'hydrogène et d'électrons, qui deviennent $NADH,H^+$ et $FADH_2$ quand elles sont réduites.
- **Phosphorylation de l'ADP** : fixation d'un phosphate inorganique (Pi) sur une molécule d'ADP conduisant à une molécule d'ATP.

- Le **cycle de Krebs** se déroule dans la **matrice des mitochondries**. Cette série de réactions aboutit à la dégradation de chaque molécule de pyruvate en dioxyde de carbone.

$$2\ C_3H_4O_3 + 8\ NAD^+ + 2\ FAD \longrightarrow 6\ CO_2 + 8\ NADH,H^+ + 2\ FADH_2$$

$$2\ ADP + 2\ Pi \longrightarrow 2\ ATP$$

- La **phosphorylation oxydative** se déroule dans les **crêtes mitochondriales** en présence de dioxygène. Les transporteurs réduits lors des étapes précédentes sont oxydés par les molécules de la **chaîne respiratoire**, entraînant la réduction du dioxygène (O_2) en eau (H_2O). Le gradient de protons généré active des **ATPsynthases** catalysant la synthèse d'une grande quantité d'ATP.

$$NADH,H^+ + ½\ O_2 + 2\ H^+ \longrightarrow NAD^+ + H_2O$$

$$3\ ADP + 3\ Pi \longrightarrow 3\ ATP$$

II Bilan de la voie métabolique aérobie

- L'oxydation complète d'une molécule de glucose en CO_2 et H_2O permet la synthèse de 36 molécules d'ATP.

$$C_6H_{12}O_6 + 6\ O_2 \longrightarrow 6\ CO_2 + 6\ H_2O$$

$$36\ ADP + 36\ Pi \longrightarrow 36\ ATP$$

- La dégradation du glycogène en réserve dans la cellule musculaire produit une molécule d'ATP supplémentaire.

$$\text{Glycogène} \rightarrow \text{Glucose-1-P} \rightarrow \text{Glucose-6-P} \rightarrow \text{Glucose} + 1\ ATP$$

Méthode

Révéler une étape préalable à la phase mitochondriale

On étudie la respiration cellulaire en mesurant la concentration en dioxygène de deux milieux riches en dioxygène, ADP et Pi.

À partir des résultats obtenus, montrer qu'une partie des réactions de la respiration cellulaire se déroule dans le hyaloplasme.

DOC. Variations de concentration de dioxygène dans le milieu

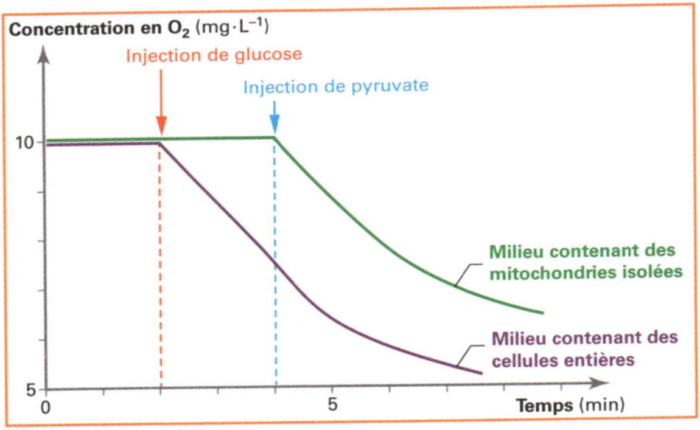

Conseils

Étape 1 Comparer la concentration en dioxygène dans les deux milieux après injection de glucose, puis après injection de pyruvate.

Étape 2 En déduire quelle molécule est utilisée par les mitochondries.

Étape 3 Conclure en indiquant la réaction se déroulant dans le hyaloplasme.

SOLUTION

Étape 1 Après l'injection de glucose, seule la concentration en dioxygène du milieu contenant les cellules entières diminue ; la concentration en dioxygène du milieu contenant les mitochondries reste stable. Après l'injection de pyruvate, la concentration en dioxygène diminue dans les deux milieux.

Étape 2 Les mitochondries ne sont pas capables de métaboliser le glucose, mais elles peuvent utiliser le pyruvate.

Étape 3 Une réaction préalable est donc nécessaire : il s'agit de la dégradation du glucose en pyruvate (glycolyse), qui se déroule dans le hyaloplasme.

La production d'ATP par métabolisme anaérobie

43

☐ OK

I Les voies anaérobies

- La **voie métabolique anaérobie alactique,** ou **voie créatine phosphate**, est mise en jeu dès les premiers instants d'un effort.

L'ATP est produit par hydrolyse de la phosphocréatine stockée dans les cellules musculaires.

$$\text{ADP} + \text{phosphocréatine} \rightarrow \text{ATP} + \text{créatine}$$

- La **voie métabolique anaérobie lactique**, ou **fermentation lactique** est mise en jeu lors des premières minutes d'un exercice physique. Le glucose en réserve dans les cellules musculaires est partiellement oxydé lors de la **glycolyse** dans le hyaloplasme, produisant deux molécules d'ATP.

En **l'absence de dioxygène**, afin que la glycolyse puisse recommencer, le NAD^+ est régénéré grâce à la réduction de l'acide pyruvique en acide lactique.

$$\underset{\text{pyruvate}}{2\,C_3H_4O_3} + 2\,\text{NADH,H}^+ \longrightarrow \underset{\text{acide lactique}}{2\,C_3H_6O_3} + 2\,\text{NAD}^+$$

II Comparaison des voies métaboliques

Les voies métaboliques anaérobies sont plus rapides que les voies aérobies, mais ont un plus faible rendement.

Voies métaboliques	Anaérobie alactique	Anaérobie lactique	Aérobie
Substrats utilisés	Créatine phosphate	Glycogène et glucose	Glucides, lipides...
Débit d'énergie ($kJ \cdot min^{-1}$)	60 à 120	200 à 500	400 à 800
Molécules d'ATP produites par molécule de substrat	1	2	36 (glucose) 129 (ac. gras)
Délai d'utilisation	Aucun	15 s	90 à 180 s
Type d'effort à fournir	Explosif, très courte durée	Moyenne durée	Longue durée

Méthode

Calculer et comparer des rendements énergétiques

Le calcul du rendement énergétique permet de déterminer l'efficacité d'une réaction chimique.

Calculer le rendement énergétique de la respiration cellulaire et de la fermentation lactique dans une cellule musculaire. Conclure sur l'efficacité de ces voies métaboliques.

DOC. Le rendement énergétique

Le rendement correspond au rapport entre le nombre de molécules produites au cours d'une réaction chimique et le nombre de molécules théoriquement produites. Il est souvent exprimé en pourcentages.
On sait que l'énergie libérée par l'oxydation complète d'une molécule de glucose est égale à 2 870 kJ et que la synthèse d'une molécule d'ATP dans une cellule musculaire demande une énergie de 30,5 kJ.

Conseils

Étape 1 Calculer le nombre de molécules d'ATP théoriquement produites à partir d'une molécule de glucose.
Étape 2 Pour chaque voie métabolique, rappeler le nombre de molécules d'ATP produites.
Étape 3 Appliquer la formule du rendement (en pourcentages) donnée dans le document.
Étape 4 Comparer les résultats obtenus et conclure.

SOLUTION

Étape 1 Le nombre de molécules d'ATP théoriquement produites est obtenu en divisant l'énergie potentielle d'une molécule de glucose par l'énergie nécessaire pour produire une molécule d'ATP ; soit $\frac{2\,870}{30{,}5}$ = 94 molécules d'ATP théoriques.

Étape 2 On sait que pour chaque molécule de glucose dégradée la voie aérobie produit 36 molécules d'ATP et la voie métabolique anaérobie lactique en produit 2.

Étape 3 Le rendement énergétique de la respiration est de : $\frac{36}{94} \times 100$ = 38 %. Celui de la fermentation lactique est de : $\frac{2}{94} \times 100 = 2$ %.

Étape 4 Dans la cellule musculaire, le rendement énergétique de la voie aérobie est environ seize fois supérieur à celui de la voie anaérobie lactique : elle est donc plus efficace pour produire de l'ATP.

Performances sportives et dopage

44

☐ OK

I Caractéristiques du muscle et performances

- La force et la vitesse de **contraction des muscles** dépendent du nombre, du volume et de la proportion des types de fibres musculaires (fibres I, IIa ou IIx).
- L'augmentation de l'**activité métabolique** des cellules musculaires lors d'un effort dépend d'un apport supplémentaire : en substrats de réserve ou apportés par l'alimentation ; en dioxygène, fourni à court terme par l'augmentation des débits respiratoire et cardiaque et à long terme par une production accrue de globules rouges.
- Un temps de récupération physique est nécessaire à la régénération des molécules impliquées dans le métabolisme et à l'élimination des déchets.

II Amélioration des performances par le dopage

- La prise de **substances exogènes**, détournées de leur utilisation thérapeutique, permet d'améliorer les performances sportives. Ces substances ont des structures moléculaires proches des molécules endogènes ; en se fixant sur leurs récepteurs, elles modulent le métabolisme cellulaire.

DOC. Mode d'action et effets dopants de substances exogènes

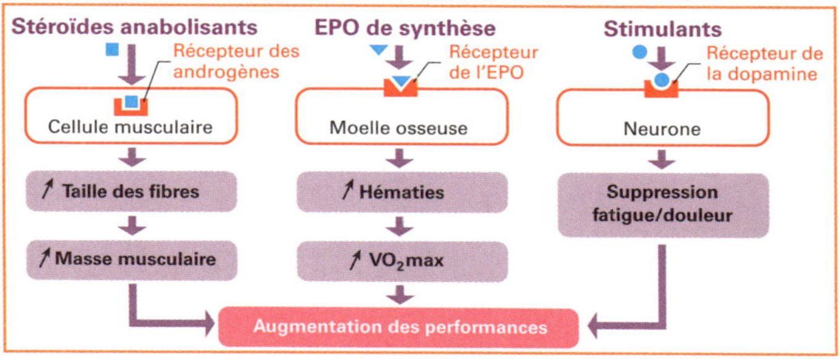

- Le dopage induit des **effets néfastes** sur la santé humaine.

Mot clé

Dopage : procédé (notamment par absorption de substances chimiques) permettant d'améliorer artificiellement les performances physiques ou mentales.

Méthode

Détecter l'EPO de synthèse

Les molécules d'EPO exogènes utilisées comme produit dopant par les sportifs ne possèdent pas les mêmes charges électriques ni les mêmes masses molaires que l'EPO endogène. Il est donc possible de détecter l'EPO de synthèse dans l'urine de sportifs en réalisant une immunoélectrophorèse.

Par l'étude du document, déterminer si les sportifs A, B et C contrôlés se sont dopés à l'EPO.

DOC. Résultats d'immunoélectrophorèses

L'immunoélectrophorèse permet la séparation des protéines d'une solution par électrophorèse, puis leur identification par immunofluorescence (reconnaissance spécifique des protéines par des anticorps marqués).

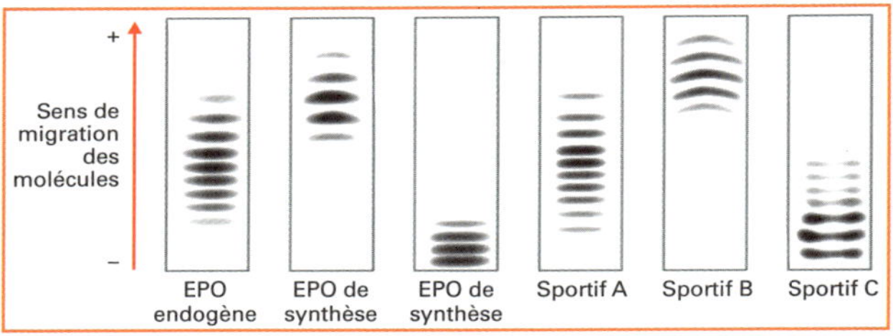

Conseils

Étape 1 Repérer la localisation de l'EPO endogène (naturelle) et des EPO de synthèse sur les trois profils témoins.
Étape 2 Comparer le profil de chaque sportif aux profils témoins et en déduire la nature de l'EPO détectée dans leur urine.
Étape 3 Conclure sur le dopage des sportifs contrôlés.

SOLUTION

Étape 1 Les molécules d'EPO de synthèse migrent soit moins loin, soit plus loin que l'EPO endogène. Il est donc possible de les distinguer.
Étape 2 En comparant le profil électrophorétique des sportifs aux profils témoins, on en déduit que le sportif A possède uniquement de l'EPO endogène, alors que les profils des sportifs B et C révèlent tous deux la présence d'EPO de synthèse.
Étape 3 Seul le sportif A ne se dope pas ; les sportifs B et C ont absorbé de l'EPO exogène afin d'améliorer leurs performances.

Quiz EXPRESS 39

Avez-vous bien révisé les fiches 40 à 44 ? On vérifie !

1 Le muscle strié squelettique

▶ FICHE 40

Les muscles striés squelettiques :

- ☐ **a.** sont constitués de fibres musculaires
- ☐ **b.** sont les muscles du mouvement et de la posture
- ☐ **c.** sont attachés aux os par des ligaments

2 Le fonctionnement de la cellule musculaire

▶ FICHE 41

Lors de la contraction d'un sarcomère, l'hydrolyse de l'ATP :

- ☐ **a.** permet le basculement puis l'accrochage des têtes de myosine à l'actine
- ☐ **b.** permet le décrochage de l'actine des têtes de myosine
- ☐ **c.** permet l'étirement des myofilaments

3 La production d'ATP par métabolisme aérobie

▶ FICHE 42

La régénération d'ATP dans la cellule musculaire est possible :

- ☐ **a.** par réduction d'acide lactique
- ☐ **b.** par oxydation de glucose ou de glycogène
- ☐ **c.** par synthèse de phosphocréatine

4 La production d'ATP par métabolisme anaérobie

▶ FICHE 43

La voie anaérobie lactique :

- ☐ **a.** permet une production d'énergie lente sur une longue durée
- ☐ **b.** passe par une dégradation incomplète du glucose
- ☐ **c.** se réalise dans les mitochondries

5 Performances sportives et dopage

▶ FICHE 44

Le dopage des sportifs :

- ☐ **a.** améliore leur état de santé, donc leurs performances
- ☐ **b.** est toléré par la loi malgré le risque pour leur santé
- ☐ **c.** permet d'amplifier les voies métaboliques énergétiques

CORRIGÉS

1 Le muscle strié squelettique

Réponses a et b. Les muscles striés squelettiques sont constitués de fibres musculaires ; ce sont les muscles du mouvement et de la posture.

La réponse **c** est incorrecte. Les muscles sont attachés aux os non par des ligaments mais par des tendons.

2 Le fonctionnement de la cellule musculaire

Réponse a. Lors de la contraction d'un sarcomère, l'hydrolyse de l'ATP permet le basculement puis l'accrochage des têtes de myosine à l'actine.

Les réponses **b** et **c** sont incorrectes. La fixation de l'ATP aux têtes de myosine entraîne leur décrochage des filaments d'actine ; les myofilaments ne s'étirent pas mais glissent les uns par rapport aux autres.

3 La production d'ATP par métabolisme aérobie

Réponse b. La régénération d'ATP dans la cellule musculaire est possible par oxydation de glucose ou de glycogène.

Les **réponses a** et **c** sont incorrectes. La réduction de l'acide pyruvique en acide lactique ne permet que la régénération des transporteurs d'électrons et c'est la dégradation de phosphocréatine qui permet une régénération d'ATP.

4 La production d'ATP par métabolisme anaérobie

Réponse b. La voie anaérobie lactique passe par une dégradation incomplète du glucose.

Les réponses **a** et **c** sont incorrectes. La voie anaérobie lactique permet une production d'énergie rapide sur une courte durée. Elle se réalise hors des mitochondries.

5 Performances sportives et dopage

Réponse c. Le dopage des sportifs permet d'amplifier les voies métaboliques énergétiques.

Les **réponses a** et **b** sont incorrectes. Les molécules utilisées à des fins de dopage sont dangereuses pour la santé ; elles sont donc interdites par la loi.

Les réserves et les flux de glucose

46

☐ OK

I Les besoins des cellules musculaires

- Les cellules musculaires en activité consomment davantage de **glucose** et de **dioxygène** qu'au repos, augmentant ainsi leur rejet de **dioxyde de carbone**.

DOC. 1. Composition du sang entrant et sortant du muscle au repos ou en activité

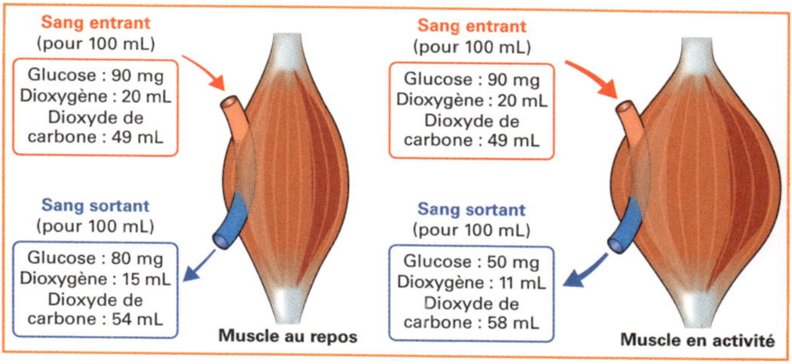

- Le glucose et le dioxygène consommés permettent la production d'ATP, une molécule énergétique nécessaire au fonctionnement du muscle.

II Le glucose, consommé ou mis en réserve

- Les réserves de glucose sont stockées sous forme de glycogène dans les cellules musculaires et les cellules hépatiques. Elles permettent à l'organisme d'entretenir les flux de glucose entre les **organes sources** (intestin et foie) et les **organes consommateurs** (dont les muscles) :
– lors de l'activité, pour répondre aux besoins des cellules musculaires ;
– au repos et à la suite d'un repas, pour être reconstituées dans les muscles et le foie.

DOC. 2. Structure du glycogène

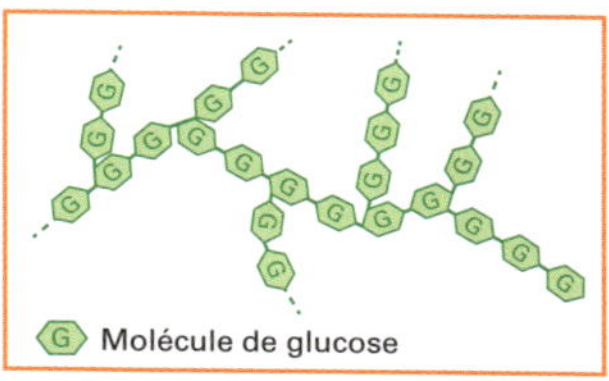

Méthode

Comprendre l'expérience du foie lavé

Le physiologiste français Claude Bernard a proposé en 1855 l'expérience du foie lavé montrant le rôle du foie dans le stockage du glucose.

DOC. Protocole et résultats de l'expérience du foie lavé

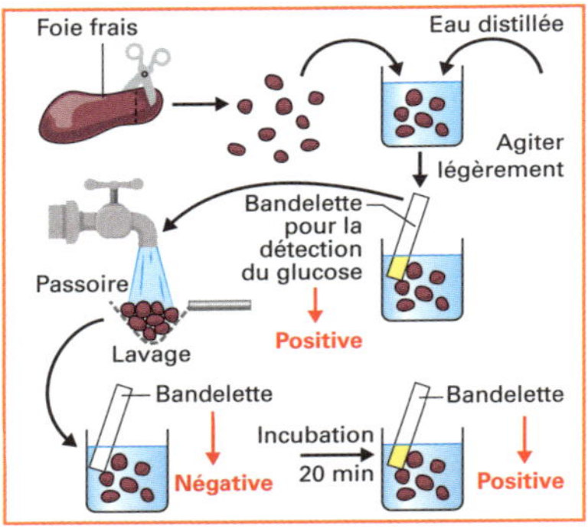

Les résultats de ce protocole appliqué à un muscle sont toujours négatifs.

Exploiter les résultats des expériences pour montrer quel organe peut être qualifié d'organe « source » de glucose.

Conseils

Étape 1 Pour les deux organes, comparer les résultats des tests.
Étape 2 Indiquer comment s'explique le test positif, 20 minutes après incubation, pour le foie.
Étape 3 Identifier l'organe « source » de glucose au sein de l'organisme.

SOLUTION

Étape 1 Après lavage, les bandelettes montrent des résultats négatifs, donc l'absence de glucose, pour les deux organes. Après 20 minutes d'incubation, elles montrent un résultat négatif pour le muscle et positif pour le foie, donc la présence de glucose.
Étape 2 Pour l'expérience avec le foie, un test positif après 20 minutes d'incubation s'explique par une libération de glucose par cet organe.
Étape 3 On peut donc qualifier le foie d'organe « source » de glucose. Le muscle n'en est pas un, car il ne libère pas de glucose.

La régulation hormonale de la glycémie

47

☐ OK

I La glycémie, une variable physiologique réglée

- Le maintien de la glycémie autour d'une valeur de consigne (entre 0,75 et 1,1 g · L^{-1}) est indispensable au bon fonctionnement de l'organisme.

Mot clé

Valeur de consigne : valeur d'une grandeur maintenue constante.

- Chaque variation de la glycémie (liée à un repas, au sport…) s'accompagne d'un retour rapide à sa valeur de consigne, ce qui atteste de la mise en jeu de mécanismes de régulation reposant sur des échanges de glucose entre le sang et les organes.

DOC. Évolution de la glycémie au cours d'une journée

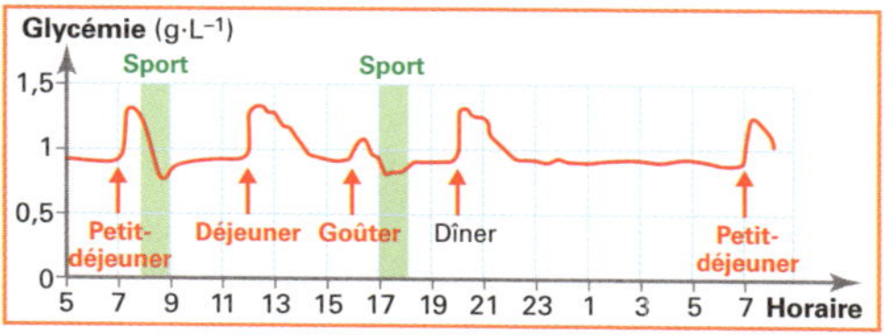

II Le contrôle hormonal de la glycémie

- Le pancréas sécrète des hormones grâce à des amas cellulaires nommés îlots de Langerhans. Ils sont composés de cellules α et β produisant respectivement l'insuline et le glucagon.

Mots clés

- **Glycogénogenèse** : synthèse de glycogène à partir de glucose.
- **Glycogénolyse** : dégradation du glycogène libérant du glucose.

- L'insuline est sécrétée pour répondre à une hyperglycémie (hausse de la glycémie) et est donc une hormone hypoglycémiante. Elle exerce son action sur le foie en stimulant la glycogénogenèse et en inhibant la glycogénolyse. Elle agit également sur les muscles en stimulant la dégradation du glucose et la synthèse de glycogène et sur les tissus adipeux en inhibant l'hydrolyse des lipides qui seraient convertis en glucose.

- Le glucagon est sécrété pour répondre à une hypoglycémie (baisse de la glycémie) et est donc une hormone hyperglycémiante. Il exerce son action uniquement sur le foie de façon inverse à l'insuline.

Méthode

Montrer l'action de l'insuline sur le foie

On étudie la production de glucose par le foie d'animaux avant et après une perfusion d'insuline.

DOC. Modification chirurgicale de la circulation hépatique et glycémie mesurée dans deux vaisseaux

Une intervention chirurgicale a permis de relier la veine porte hépatique directement à la veine cave inférieure. La composition du sang dans les veines sus-hépatiques n'est ainsi plus influencée par le sang qui provenait de l'intestin. La valeur du flux sanguin hépatique est estimée à 250 mL/min.

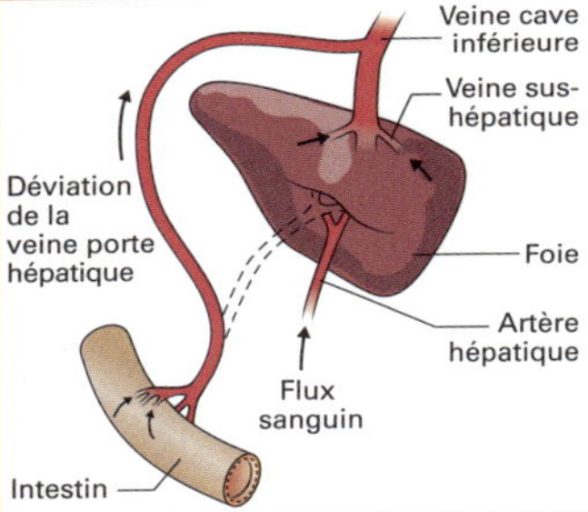

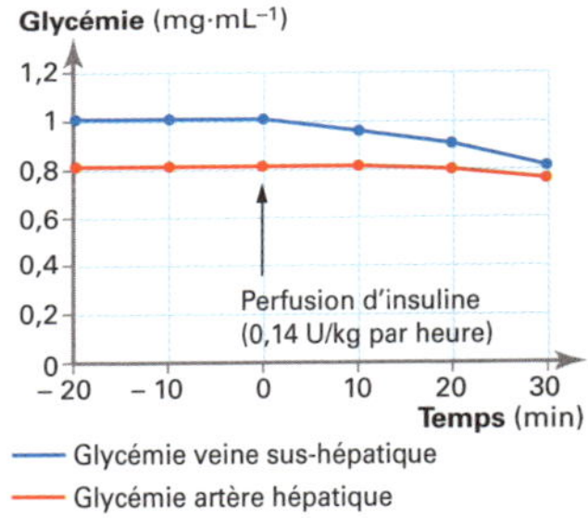

Montrer l'action de l'insuline sur le foie en comparant la production de glucose par le foie avant et après une perfusion d'insuline.

Conseils

Étape 1 Déterminer la différence de glycémie entre l'artère hépatique et la veine sus-hépatique (en mg/mL) avant et après la perfusion d'insuline. Calculer la production de glucose par le foie avant et après perfusion.

Étape 2 Déterminer le facteur multiplicateur entre les deux résultats.

Étape 3 Indiquer l'action de l'insuline sur le foie.

SOLUTION

Étape 1 Avant perfusion, la différence de glycémie entre l'artère hépatique et la veine sus-hépatique est de 0,2 mg/ml. Après perfusion, elle est de 0,05 mg/ml. Le flux sanguin hépatique est estimé à 250 mL/min. La production de glucose par le foie est donc, avant perfusion, de $0{,}2 \times 250 = 50$ mg/min. Après perfusion, elle est de $0{,}05 \times 250 = 12{,}5$ mg/min.

Étape 2 La production de glucose est divisée par quatre après la perfusion.

Étape 3 L'insuline fait chuter la production de glucose par le foie.

Les dysfonctionnements de la régulation de la glycémie

48

☐ OK

I Le diabète de type 1 insulinodépendant

- Le diabète de type 1 est dû à une destruction des **cellules β** des îlots de Langerhans ; il en résulte une absence totale de sécrétion d'insuline. Il s'agit d'une maladie auto-immune, car ce sont des lymphocytes qui détruisent les cellules β reconnues à tort comme étrangères.

- Ce diabète peut être corrigé par des injections d'insuline une à plusieurs fois par jour : il est qualifié d'**insulinodépendant**.

> **Mot clé**
>
> **Maladie auto-immune :** dysfonctionnement du système immunitaire, par lequel les cellules de l'immunité s'attaquent aux propres cellules de l'organisme.

II Le diabète de type 2 insulinorésistant

- Le diabète de type 2 est dû à deux anomalies majeures :
– une altération au fil du temps de la sécrétion d'insuline par les cellules β de Langerhans, qui finissent par ne plus reconnaître le glucose comme signal déclenchant la sécrétion ;
– une résistance accrue des cellules cibles (des muscles, du foie et du tissu adipeux) à l'action de l'insuline, ce qui diminue le stockage et l'utilisation du glucose par ces cellules.

- Ce diabète est qualifié d'insulinorésistant, car les cellules cibles deviennent moins sensibles à l'insuline.

DOC. Origines des deux types de diabète

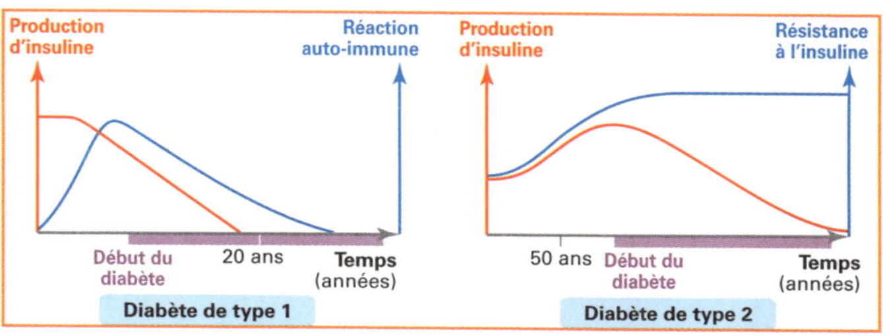

- Le diabète de type 2 touche plutôt des personnes de plus de 50 ans, souvent en surpoids, dont la vie est sédentaire.

Méthode

Étudier le diabète de type 2 chez des souris modèles

Des souris présentant une obésité et une hyperglycémie chronique constituent un modèle pour l'étude du diabète de type 2.

À l'aide des documents et de vos connaissances, montrer ce qu'apportent ces souris modèles à la compréhension des origines du diabète de type 2.

Doc. 1. L'insuline et son récepteur

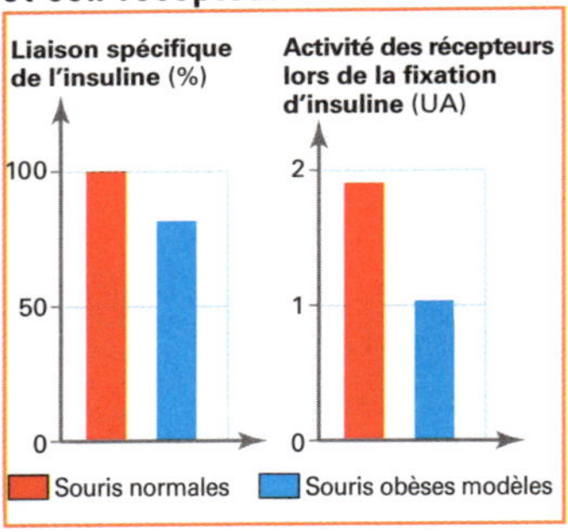

Doc. 2. Le glucose dans le muscle

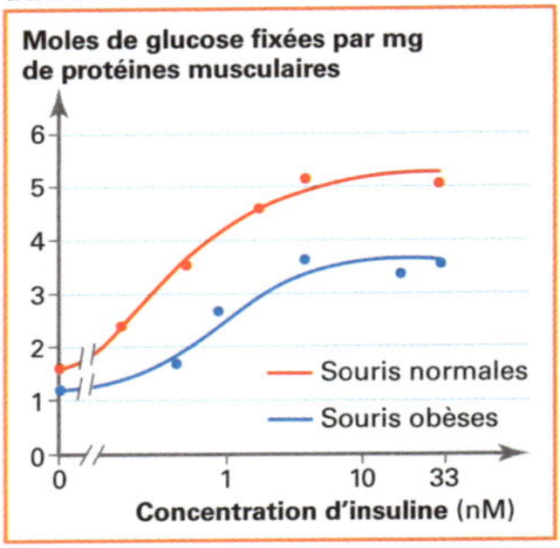

Conseils

Étape 1 Repérer sur le document 1 les paramètres modifiés chez les souris modèles.
Étape 2 Rappeler les effets de l'insuline sur les cellules musculaires.
Étape 3 Repérer sur le document 2 le paramètre modifié chez les souris modèles. Déduire l'une des origines du diabète de type 2.

SOLUTION

Étape 1 Les souris modèles ont des récepteurs fixant moins bien l'insuline : leur activité est donc plus faible après cette fixation et l'insuline aura une moindre efficacité sur les cellules.
Étape 2 La fixation d'insuline sur les cellules musculaires entraîne l'entrée de glucose et son utilisation par ces cellules.
Étape 3 La quantité de glucose fixée par les cellules musculaires des souris modèles est plus faible que pour les souris normales, ce qui peut s'expliquer par la moindre efficacité de l'insuline.
Une insulinorésistance réduit donc l'entrée du glucose dans les cellules et provoque une hyperglycémie à l'origine du diabète de type 2.

Quiz EXPRESS

49

Avez-vous bien révisé les fiches 46 à 48 ? On vérifie !

1 Les réserves et les flux de glucose

▶ FICHE 46

1. Le glycogène est :

- ☐ **a.** une molécule lipidique de réserve
- ☐ **b.** une molécule présente dans le muscle au repos
- ☐ **c.** dégradé en glucose dans le muscle en activité

2. Le foie et les muscles sont :

- ☐ **a.** des organes qui stockent le glucose sous forme de glycogène
- ☐ **b.** des organes qui stockent le glycogène sous forme de glucose
- ☐ **c.** considérés comme des organes « sources » de glucose

2 La régulation hormonale de la glycémie

▶ FICHE 47

1. L'insuline :

- ☐ **a.** est une hormone hypoglycémiante
- ☐ **b.** est sécrétée par les cellules α des îlots de Langerhans
- ☐ **c.** stimule la glycogénolyse dans le foie
- ☐ **d.** stimule la glycogénogenèse dans le foie

2. Le glucagon :

- ☐ **a.** est une hormone hypoglycémiante
- ☐ **b.** est sécrétée par les cellules α des îlots de Langerhans
- ☐ **c.** stimule la glycogénolyse dans les muscles
- ☐ **d.** stimule la glycogénolyse dans le foie

3 Les dysfonctionnements de la régulation de la glycémie

▶ FICHE 48

Un dysfonctionnement de la régulation de la glycémie :

- ☐ **a.** peut être dû à une maladie auto-immune
- ☐ **b.** peut être dû à une insulinodépendance
- ☐ **c.** peut être dû à une insulinorésistance
- ☐ **d.** est forcément lié à une hausse de la sécrétion d'insuline

CORRIGÉS

1 Les réserves et les flux de glucose

1. **Réponses b et c.** Le glycogène est une molécule glucidique de réserve présente dans le muscle au repos ; elle est dégradée en glucose dans le muscle en activité.

La réponse **a** est incorrecte. Le glycogène est un glucide et non un lipide.

2. **Réponse a.** Le foie et les muscles sont des organes qui stockent le glucose sous forme de glycogène.

Les réponses **b** et **c** sont incorrectes. Seul le foie est considéré comme un organe « source » de glucose, lequel est stocké sous forme de glycogène.

2 La régulation hormonale de la glycémie

1. **Réponses a et d.** L'insuline est une hormone hypoglycémiante, qui stimule la glycogénogenèse.

Les réponses **b** et **c** sont incorrectes. L'insuline est sécrétée par les cellules β et non α des îlots de Langerhans et elle ne stimule pas la glycogénolyse au niveau du foie.

2. **Réponses b et d.** Le glucagon est une hormone sécrétée par les cellules α des îlots de Langerhans et stimule la glycogénolyse.

Les réponses **a** et **c** sont incorrectes. Le glucagon est une hormone hyperglycémiante et non hypoglycémiante ; elle n'agit qu'au niveau du foie.

3 Les dysfonctionnements de la régulation de la glycémie

Réponses a et c. Le dysfonctionnement de la régulation de la glycémie peut être dû à une maladie auto-immune ou à une insulinorésistance.

Les réponses **b** et **d** sont incorrectes. Le dysfonctionnement de la régulation de la glycémie peut amener à une insulinodépendance et n'est pas forcément lié à une hausse de la sécrétion d'insuline.

Adaptation de l'organisme et stress aigu

50

☐ OK

I Action des agents stressants sur le système nerveux

- Les réponses adaptatives de notre organisme face aux perturbations de son environnement impliquent dans un premier temps le système nerveux.
- Les agents stressants agissent sur le système nerveux en stimulant :
– dans un premier temps, le système limbique, en particulier les zones impliquées dans les émotions telles que l'amygdale ;
– dans un deuxième temps, l'hypothalamus, qui sécrète alors de la CRH (*corticotropin-releasing hormone*).

Mots clés

- **Système limbique :** ensemble de structures cérébrales jouant un rôle important dans le comportement.
- **Hypothalamus :** région située à la base du cerveau contrôlant les grandes fonctions de l'organisme (faim, soif, éveil, température...).

II Rôle des glandes surrénales

- Les **glandes surrénales** « coiffent » chaque rein. Elles se composent de deux parties, périphérique et centrale, nommées respectivement corticosurrénale et médullosurrénale :
– la **médullosurrénale** libère de l'adrénaline lorsqu'elle est stimulée par le système limbique ;
– la **corticosurrénale** libère du cortisol quand elle est stimulée par la CRH produite par l'hypothalamus.
- Le cortisol exerce un rétrocontrôle négatif sur la libération de CRH par l'hypothalamus. Il favorise ainsi le rétablissement de conditions de fonctionnement stables.
- La **résilience** désigne la capacité d'un organisme à surmonter les perturbations de son environnement. Elle dépend du taux de cortisol, mais aussi de chaque individu, en particulier de leurs expériences antérieures de stress.

Doc. Anatomie de la glande surrénale

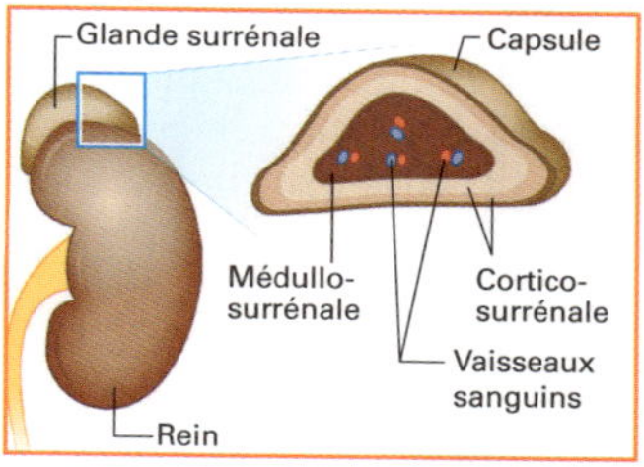

Méthode

Préciser l'axe corticotrope

L'axe corticotrope, encore appelé axe hypothalamo-hypophyso-corticosurrénalien, est au cœur des réponses biologiques de stress et de résilience.

À l'aide de vos connaissances et du document, réaliser un schéma montrant les substances et structures impliquées dans l'axe corticotrope.

Doc. L'hypophyse et ses organes cibles

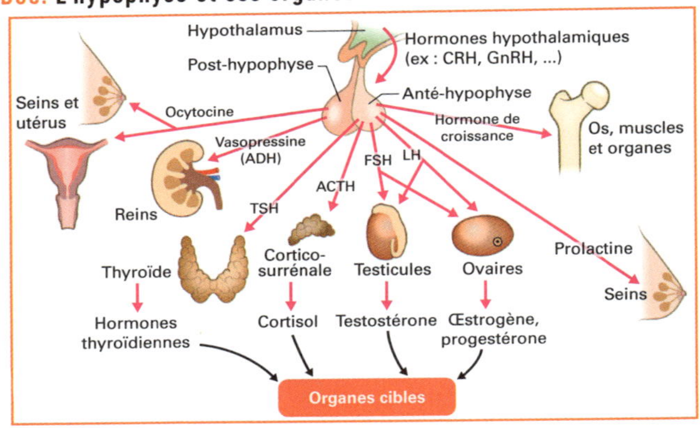

Conseils

Étape 1 Retrouver les structures intervenant dans la réponse au stress.

Étape 2 Identifier les substances délivrées par les éléments de l'axe corticotrope.

Étape 3 Relier en un schéma les substances et structures de l'axe corticotrope.

SOLUTION

Étape 1 Les structures qui interviennent en réponse au stress sont l'hypothalamus, l'antéhypophyse et la glande corticosurrénale.

Étape 2 L'hypothalamus produit du CRH qui stimule l'antéhypophyse. Celui-ci produit alors de l'ACTH, qui agit la glande corticosurrénale. Cette dernière délivre du cortisol dans le sang.

Étape 3

Hypothalamus → (CRH) → Antéhypophyse → (ACTH) → Corticosurrénale → (Cortisol) → Organes cibles

Les effets du stress aigu

51

☐ OK

I Les effets de l'adrénaline

- L'adrénaline, sécrétée en premier en réponse à un agent stressant, mobilise tout l'organisme afin d'affronter le danger.
- La libération d'adrénaline dans le sang déclenche des réactions dans tout le corps, en apportant notamment davantage d'oxygène et de nutriments au cerveau et aux muscles, afin d'accroître leur activité.

Mot clé

Adrénaline : hormone naturellement sécrétée par la médullosurrénale en réponse au danger ou au stress.

Doc. 1. Les différents effets de l'adrénaline

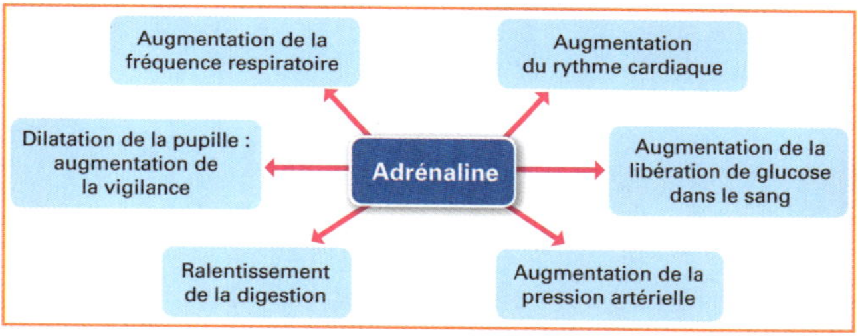

II Les effets du cortisol

- Le cortisol déclenche aussi, dans un deuxième temps, de nombreuses réactions dans le corps.

Mot clé

Cortisol : hormone sécrétée par les corticosurrénales en réponse au stress.

Doc. 2. Les différents effets du cortisol à long terme

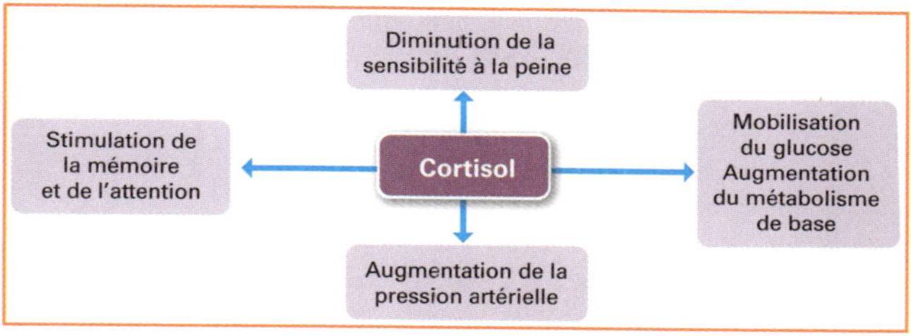

Méthode

Associer stress et élévation de la glycémie

Une étude sur les effets du stress dû à un confinement a été produite sur une espèce de poisson, le tilapia du Mozambique.

À l'aide du document et de vos connaissances, montrer comment le stress influence la glycémie.

Doc. Concentrations de cortisol, de glucose, de glycogène chez le tilapia soumis à différentes conditions de stress

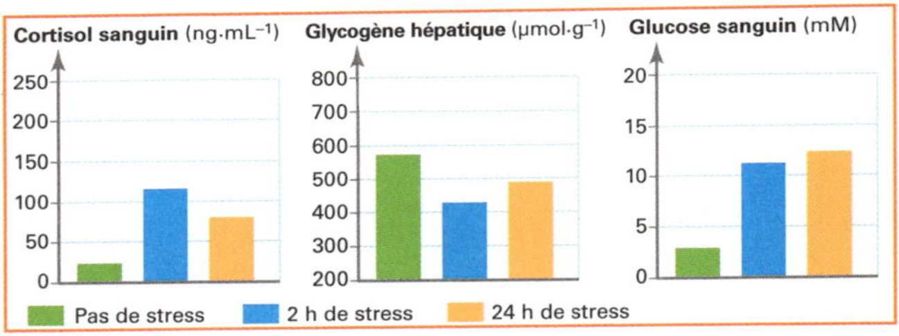

Conseils

Étape 1 Associer le stress du confinement à une modification plasmatique du cortisol.

Étape 2 Observer l'évolution des taux de glycogène hépatique et de glucose plasmatique lors du stress.

Étape 3 Relier la modification du taux plasmatique du cortisol à celle de la glycémie.

SOLUTION

Étape 1 Un stress amène à une élévation plasmatique du taux de cortisol qui passe, en 2 heures, de 25 à 110 $ng{\cdot}mL^{-1}$. Ce taux descend à 75 $ng{\cdot}mL^{-1}$ si le stress persiste pendant 24 heures, mais reste toujours plus élevé que chez les témoins non stressés.

Étape 2 Le taux de glycogène hépatique de sujets stressés est plus faible (leur glycogène a donc été dégradé) et leur taux de glucagon plasmatique est plus élevé (du glucose a donc été libéré) que celui de témoins non stressés.

Étape 3 L'élévation du taux de cortisol plasmatique lors du stress stimule la glycogénolyse hépatique. Elle conduit à une baisse du glycogène hépatique et à une augmentation du glucose plasmatique. Ainsi, le stress provoque une augmentation de la glycémie.

Dérèglement de l'organisme et stress chronique

52

☐ OK

I Stress chronique et plasticité cérébrale

● Si les agents stressants sont trop intenses ou si leur action dure, les mécanismes physiologiques sont débordés et l'organisme se dérègle. On parle alors de **stress chronique**.

● En cas de stress chronique, le cortisol ne freine plus la sécrétion de CRH par l'hypothalamus. L'activation de l'axe corticotrope tend à se pérenniser. Le taux de cortisol sanguin reste élevé, ce qui peut entraîner une dégradation de la mémoire et des capacités d'apprentissage.

Doc. Régions du cerveau impliquées dans la réponse à des agents stressants

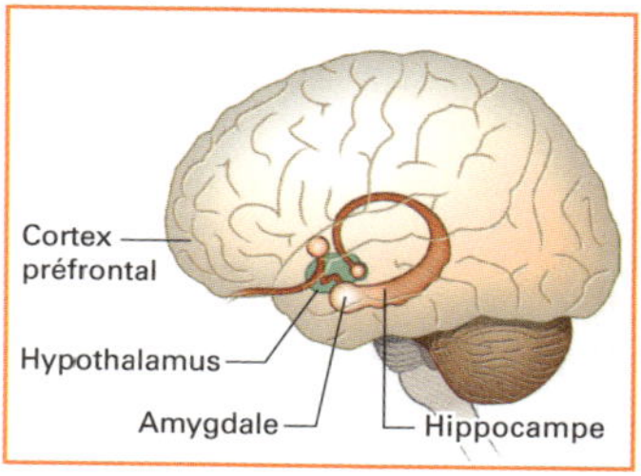

● Le stress chronique peut altérer certaines structures du cerveau, notamment celles du système limbique (amygdale et hippocampe) et du cortex préfrontal.

Mots clés

- **Amygdale :** structure cérébrale impliquée dans le décodage des émotions, en particulier des stimuli menaçants pour l'organisme.
- **Hippocampe :** structure cérébrale jouant un rôle central dans la mémoire et le mouvement du corps dans l'espace.
- **Cortex préfrontal :** région du cerveau jouant un rôle dans l'adaptation comportementale.

● La plasticité du cerveau permet la modification de structures cérébrales. Mais dans le cas du stress chronique, elle est dite **mal adaptative**.

II Le traitement du stress chronique

● Les dérèglements liés au stress chronique engendrent diverses pathologies.

● Certains médicaments, comme les benzodiazépines dans le cas de l'anxiété, visent à favoriser la résilience du système cérébral, mais leur indication doit suivre un protocole rigoureux.

Méthode

Diagnostiquer par imagerie cérébrale

Les études d'imagerie permettent d'observer le cerveau de sujets stressés.

À l'aide de vos connaissances et des documents, montrer l'un des effets du stress chronique sur le cerveau.

Doc. Zones cérébrales (a) et imagerie médicale d'un sujet subissant un stress chronique (b) et d'un sujet sain (c)

La flèche jaune pointe une région du cerveau impliquée dans la réponse au stress.

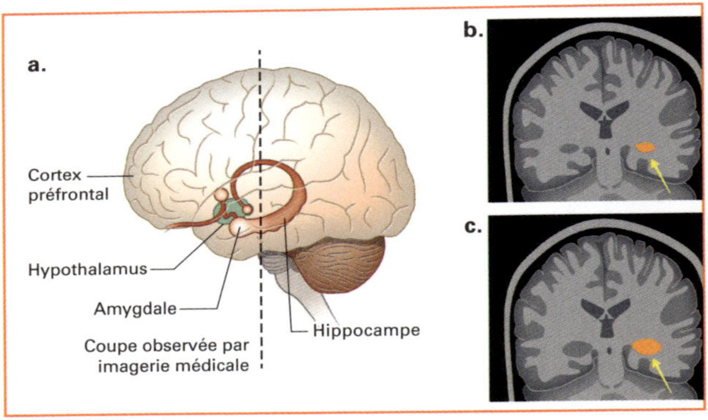

Conseils

Étape 1 Identifier la zone cérébrale pointée par les flèches sur les coupes obtenues par imagerie médicale.
Étape 2 Comparer ces deux régions dans les deux coupes.
Étape 3 Relier cette observation à vos connaissances afin de conclure sur les effets d'un stress chronique sur le cerveau.

SOLUTION

Étape 1 La zone cérébrale pointée par les flèches est l'hippocampe.
Étape 2 L'hippocampe semble être plus petit chez un sujet stressé (**b**) que chez un sujet sain (**c**).
Étape 3 L'hippocampe appartient au système limbique et joue un rôle dans la mémorisation. Le stress chronique peut donc modifier le volume de certaines structures cérébrales, comme ici réduire le volume de l'hippocampe, impactant les capacités de mémorisation.

Quiz EXPRESS

Avez-vous bien révisé les fiches 50 à 52 ? On vérifie !

53

1 Adaptation de l'organisme et stress aigu

FICHE 50

1. Les agents stressants agissent sur le système nerveux :

☐ **a.** en stimulant, dans un premier temps, le système limbique

☐ **b.** en stimulant, dans un deuxième temps, l'hypothalamus qui sécrète alors du CRH

☐ **c.** en stimulant, dans un premier temps, l'hypothalamus

☐ **d.** en stimulant, dans un deuxième temps, le système limbique produisant le cortisol

2. La CRH :

☐ **a.** est produite par l'hypothalamus

☐ **b.** signifie *corticotropin-releasing human*

☐ **c.** exerce un rétrocontrôle négatif sur la libération de cortisol

☐ **d.** dégrade les capacités d'apprentissage

2 Les effets du stress aigu

FICHE 51

L'adrénaline :

☐ **a.** mobilise l'organisme pour affronter le danger

☐ **b.** réduit l'apport d'oxygène au cerveau et aux muscles

☐ **c.** est sécrétée après le cortisol

☐ **d.** inhibe le système immunitaire

3 Dérèglement de l'organisme et stress chronique

FICHE 52

Le stress chronique peut :

☐ **a.** survenir quand les mécanismes physiologiques sont débordés

☐ **b.** entraîner des modifications du système limbique (amygdale et hypothalamus) et du cortex préfrontal

☐ **c.** entraîner une plasticité mal adaptative

☐ **d.** accélérer le rétrocontrôle exercé par le cortisol sur l'hypothalamus

CORRIGÉS

1 Adaptation de l'organisme et stress aigu

1. **Réponses a et b.** Les agents stressants agissent sur le système nerveux en stimulant dans un premier temps le système limbique et dans un deuxième temps l'hypothalamus, qui sécrète alors la CRH.

Les réponses **c** et **d** sont incorrectes. L'hypothalamus est stimulé en deuxième et sécrète la CRH.

2. **Réponse a.** La CRH est produite par l'hypothalamus

Les réponses **b**, **c** et **d** sont incorrectes. CRH signifie *corticotropin-releasing hormone*, elle entraîne la libération du cortisol par la corticosurrénale et c'est le cortisol qui exerce en retour un rétrocontrôle négatif sur la libération de CRH.

2 Les effets du stress aigu

Réponse a. L'adrénaline mobilise l'organisme pour qu'il affronte le danger.

Les réponses **b**, **c** et **d** sont incorrectes. L'adrénaline augmente l'apport d'oxygène au cerveau et aux muscles et est sécrétée avant le cortisol. C'est ce dernier qui dégrade les capacités d'apprentissage.

3 Dérèglement de l'organisme et stress chronique

Réponses a et c. Le stress chronique peut survenir quand les mécanismes physiologiques sont débordés et peut entraîner une plasticité mal adaptative.

Les réponses **b** et **d** sont incorrectes. Le stress chronique peut entraîner des modifications du système limbique (amygdale et hippocampe et non de l'hypothalamus) et du cortex préfrontal. Il freine le rétrocontrôle exercé par le cortisol sur l'hypothalamus.

Achevé d'imprimer en Espagne par Grafo à Basauri
Dépôt légal: n° 06432-4/01 - Octobre 2020